INHALT

> SZENE

S. 12–15: Trends, Entdeckungen, Hotspots! Was wann wo im Baskenland los ist, verrät der MARCO POLO Szeneautor vor Ort

> 24 STUNDEN

S. 92/93: Action pur und einmalige Erlebnisse in 24 Stunden! MARCO POLO hat für Sie einen außergewöhnlichen Tag rund um San Sebastián zusammengestellt

> LOW BUDGET

Viel erleben für wenig Geld! Wo Sie zu kleinen Preisen etwas Besonderes genießen und tolle Schnäppchen machen können:

Ein Muss für Preisbewusste: die BilbaoCard S. 39 | Eintritt frei zur legendären Eiche von Guernica S. 49 | Auch die San Sebastián Card ermöglicht viele Einsparungen S. 64 | Ganz umsonst: Fahrräder leihen in Vitoria S. 76

> GUT ZU WISSEN

Spezialitäten S. 26 | Land der Namensdoppel S. 35 | Moderne Architektur S. 40 | Tragik um Gernika S. 46 | Architektur & Skulptur S. 56 | Blogs & Podcasts S. 61 | Baskische Spitzenköche S. 67 | Landhaustourismus S. 75 | Die Quellen des Weins S. 84 | Bücher & Filme S. 86

AUF DEM TITEL
Mit der Zahnradbahn auf den Monte Igeldo S. 53 Ein Tag in der Rioja Alavesa S. 86

ENTDECKEN SIE DAS BASKENLAND!

Unsere Top 15 führen Sie an die traumhaftesten Orte und zu den spannendsten Sehenswürdigkeiten

Die Highlights sind in der Karte auf dem hinteren Umschlag eingetragen

Museo Guggenheim
Bilbao besitzt ein Museum wie eine gigantische Skulptur; die hauchdünnen Titanplatten wirken wie glitzernde Fischschuppen (Seite 34)

Puente Colgante
Dem Himmel über Bilbao ein Stückchen näher rücken – auf dem Fußgängerweg über der Schwebebrücke (Seite 35)

Mercado de la Ribera
Die Markthallen von Bilbao bersten fast vor Meeresgetier, Gemüse und Würsten (Seite 37)

San Juan de Gaztelugatxe
Raue Winde, Klippen, Felsplatten – wild-romantische Landschaft zwischen Bakio und dem Kap Matxitxako (Seite 44)

Bosque Pintado
Kunst am Stamm – ein Kiefernforst bei Gernika wurde zum Zauberwald (Seite 47)

Playa de Laga
Ein kleiner Strand, für den sich sogar ein größerer Umweg lohnt (Seite 49)

Donostia (San Sebastián)
Küstenmetropole mit einem starken Erscheinungsbild: Muschelbucht und Strände, Promenaden, Altstadt und Berge (Seite 51)

Tapas-Bars
Kenner schnalzen mit der Zunge, sobald sie an die vielen Häppchenbars im historischen Viertel von San Sebastián denken (Seite 54)

> DIE BESTEN MARCO POLO HIGHLIGHTS

 **Museo Chillida-Leku**
In einem wunderschönen Skulpturenpark bei Hernani zeigt der Bildhauer Eduardo Chillida einen Querschnitt seines Schaffens (Seite 57)

Jaizkibel
Rinder- und Pferdeweiden, Farnhügel, im Hintergrund der Atlantik – das Bergmassiv wird zu einer Sinfonie aus Grün und Blau (Seite 60)

Museo Ignacio Zuloaga
Eine kleine Schatzkammer der Kunst in Zumaia, in der sogar El Greco und Goya vertreten sind (Seite 67)

Artium
Den Anhängern moderner Kunst geht in Vitoria das Herz auf (Seite 70)

 Parque Natural de Valderejo
Felskulissen, über denen Gänsegeier kreisen, die Schlucht des Río Purón – Wander- und Naturfreunde finden in diesem wilden Naturpark abseits des Mainstreams ihr kleines Paradies (Seite 79)

Laguardia
Umgeben von weiten Weingärten, hält sich hinter den wuchtigen Mauern auf dem Ortshügel das Mittelalter lebendig (Seite 80)

 Rioja Alavesa
Zwischen Tradition und Moderne bewegen sich die Bodegas in der Rioja Alavesa – eine Kostprobe ist beim Besuch unerlässlich (Seite 86)

WAS FÜR EINE REGION!

Die Bahía de la Concha mit San Sebastián

AUFTAKT

> Einsame Strände am Atlantik, Klippen, ein saftig grünes Hinterland, Naturparks, Feste und Traditonen, die Kunstmetropole Bilbao mit dem weltberühmten Guggenheim-Museum – es gibt viele gute Gründe für eine Reise ins Baskenland. Auf der Suche nach einem unverfälschten Stück Spanien ist die Region im hohen Norden ein heißer Tipp. Fernab vom Massentourismus können Sie nach Herzenslust schlemmen, surfen, wandern, entdecken. Ob in Berg- oder Fischerdörfern, ob in der Altstadt von Vitoria, ob an den Buchten und Promenaden in San Sebastián. Selbst eingefleischte Ibero-Fans werden überrascht sein von der Vielfalt!

> Stille hängt im Naturpark Izki, absolute Stille. Wie ein Zaubergang zieht sich der Pfad durch den Wald. Das Licht der Sonne streut durchs Blätterdach, in dem der Wind raschelt. Schmetterlinge tanzen über Buchs und bemooste Stämme, aus dem Geäst dringt Vogelgezwitscher. Über Wurzelwerk geht es hinaus aus dem Forst, dann schweifen die Blicke über Berg und Tal. Man reibt sich verwundert die Augen. Das soll Spanien sein? Dasselbe Spanien, das den Flamenco, die glutäugige Carmen und Europas Highlife-Zentrale aller Ballermänner hervorgebracht hat? Im spanischen Norden geht keins der vorgefertigten Bilder auf, hier heißt es in jeder Hinsicht „adiós Klischees".

Das 7234 km² kleine Baskenland – knapp dreimal so groß wie Luxemburg – zeigt sich als einer der vielgesichtigsten, grünsten und überraschendsten Landstriche Spaniens. Eine Region, die in keine Schublade passt. Zwischen Bergen und Meer bestimmen Wiesen und Wälder das Bild, tiefe Täler, trutzige Bauernhöfe, Dörfer voller Bruchsteinhäuser. An den Golf von Biskaya schieben sich die letzten Zipfel der Pyrenäen, zwischen der Grenze zu Frankreich und dem westlichen Nachbarn Kantabrien fährt der baskische Küstenstreifen vielerlei Kontraste auf. Fischerstädtchen und Flussmündungstrichter, Häfen und vorgelagerte Inseln.

> Grünes Land im Norden Spaniens

Was es sonst noch zu entdecken gibt? Eine ganze Menge! Die Altstädte von Vitoria und Hondarribia zum Beispiel und mehr als hundert Strände, angeführt von Bakio und Zarautz – allseits beliebte Ziele von Surfern.

Eines der Zentren von Bilbaos Altstadt: die von Laubengängen eingerahmte Plaza Nueva

Um Zumaia und San Juan de Gazte-lugatxe hingegen werfen sich Klippenlandschaften von grandioser Wildromantik auf. Zu den schönsten Städten des Landes zählt San Sebastián, das sich um seine Muschelbucht legt und die Eleganz eines alten Seebades kultiviert. Das küstennahe Bilbao ist mit seinem Guggenheim-Museum kometenhaft zu einer der ersten Kulturadressen Spaniens aufgestiegen. Besonderheiten wie die weltweit älteste Schwebebrücke machen den einstigen Industriemoloch zusätzlich reizvoll. Andernorts nehmen Sie die Fährten berühmter Basken auf. Juan Sebastián Elcano stammte aus Getaria und war der erste Weltumsegler, der in Loiola geborene Ignatius von Loyola gründete den Jesuitenorden.

Im Baskenland ist der Mensch seit Urzeiten präsent, wie Höhlenmale-

reien und zahlreiche Dolmen belegen. Eingefleischte Basken behaupten voller typischem Stolz: Diese Zeugnisse stammen von niemand anderen als unseren Vorvätern! Und so sehen sie sich als die ältesten Europäer, die sich diesseits und jenseits der Pyrenäen aus sich selbst heraus entwickelt haben. Im Baskenland leben jedoch nicht nur Basken. Hauptursache dafür war die Industrialisierung im 19./20. Jh., die in ganz Spanien Maßstäbe setzte und Menschen aus anderen Landesteilen auf der Suche nach Arbeit anzog. Heutzutage kommen die meisten Immigranten aus Südamerika und Schwarzafrika.

> ## Heimatstolz und kuriose Traditionen

Die Ursprünge der Basken und ihrer eigenen Sprache *Euskera,* die sich als einzige vorindogermanische Sprache in Westeuropa erhalten hat, geben Forschern unverändert Rätsel auf. Fest steht, dass die Basken von alters her ein besonderes Volk sind, das mit fremden Einflüssen stets auf seine Art umzugehen verstand und seine regionalen Eigenheiten auf besondere Weise bewahrt hat. Nirgendwo anders in Spanien findet sich eine solche Fülle an kuriosen Sitten und Traditionen. Sogar für junge Leute ist die Traditionspflege sehr wichtig. Bei Volksfesten legen sie ihre Hanfschuhe an, geben sich den Schwert- und Fahnentänzen *(espatadanzak)* hin oder treten als *bertsolari* mit Sprechgesängen auf. Für die Demonstration von Kraft, Ausdauer und Geschick steht das Ballspiel *pelota.*

WAS WAR WANN?

3. Jh. v.Chr.–4. Jh. n.Chr. Nach dem Zweiten Punischen Krieg Herrschaft der Römer

711 Einfall der Mauren auf der Iberischen Halbinsel

1300 Diego López de Haro hebt Bilbao aus der Taufe

1813 Schlacht von Vitoria mit dem Sieg über Napoleons Truppen

1895 Sabino de Arana gründet die Baskische Nationalistische Partei

1936 Der Spanische Bürgerkrieg beginnt

1937 Die deutsche Legion Condor legt die heilige baskische Stadt Guernica in Schutt und Asche

1939 Ende des Spanischen Bürgerkriegs, Beginn der Diktatur des Generals Franco

1959 Gründung der Separatistenorganisation Eta (*Euskadi ta askatasuna*, „Baskenland und Freiheit")

1973 Tödliches Attentat der Eta auf Francos Ministerpräsidenten Luis Carrero Blanco

1975 Ende der Franco-Diktatur, Juan Carlos I. wird zum König proklamiert

1979 Das Baskenland bekommt ein Autonomiestatut

1993–97 Bau des Guggenheim-Museums von Bilbao

1996–2004 Regierung der konservativen Volkspartei unter José María Aznar

2004–08 Sozialistische Regierung unter José Luis Rodríguez Zapatero

2008 Neuerlicher Sieg Zapateros bei den Parlamentswahlen; Spanien wird Fußball-Europameister; Anschlagserie der Eta; stagnierende Wirtschaft

Gleiches gilt für die Ruderregatten der *traineras* und all die ländlichen Sportarten, die häufig bei Volksfesten zu sehen sind. Die Bandbreite reicht vom Baumstammhacker *(aizkolari)* bis zum Steinestemmer *(harri-jasotzaile)*, der problemlos ein paar Zentner zu wuchten vermag.

Wo solcherlei Kräfte walten, darf eine gute Küche nicht fehlen. Die herzhaften Zutaten haben Meisterköche wie Martín Berasategui mit modernen Ideen angereichert und sind so zu Stars der internationalen Szene avanciert. Allerdings – und das macht die Region so ungewöhnlich – kochen die Basken nicht nur ihr eigenes Süppchen. Heimatstolz und Weltoffenheit, Traditionen und Avantgarde gehen Hand in Hand. Über das Baskenland verteilen sich die Zeugnisse renommierter Stararchitekten: das Guggenheim-Museum des Frank O. Gehry und die Metro des Norman Foster in Bilbao, der Kongresspalast des Rafael Moneo in San Sebastián, der internationale Flughafen und die Zubizuri-Brücke des Santiago Calatrava in Bilbao. Hinzu kommen architektonische Aushängeschilder im südlichen Baskenland, die die Weinregion Rioja Alavesa attraktiver machen: futuristische Weinpaläste großer Konzerne und Dynastien, für die Millionenbeträge an Gehry, Calatrava & Co. geflossen sind. Dahinter steckt nicht zuletzt der Gedanke, der Welt zu zeigen, was im Baskenland alles möglich ist. Schließlich handelt es sich um eine der wohlhabendsten Regionen Spaniens, was wiederum dem Fleiß und der Zuverlässigkeit seiner Bewohner zu danken ist. Auf die Basken ist Verlass – auch das unterscheidet sie von anderen Spaniern und deren „Mañana-Mentalität", bei der man gern auf morgen verschiebt, was sich heute besorgen lässt.

genüber, doch Brutalität ist ihre Sache nicht. Mögen sie auf den ersten Blick ein wenig rau wirken – das Herz tragen die Basken auf dem rechten Fleck. So wurden sie schon

Grüne, bewaldete Hügel: untypisch für Spanien, typisch fürs Baskenland

Unfreiwillig in die Schlagzeilen geraten ist das Baskenland durch Attentate der Eta, jener Untergrundorganisation, die während der Franco-Diktatur gegründet wurde und nach zwischenzeitlichen Waffenstillständen unverändert weiterbombt. Allzu oft bringt man die blutigen Taten na-

> **Avantgarde in der Küche und in der Kunst**

tionalistisch verbohrter Separatisten mit dem gesamten Volk der Basken in Zusammenhang. Zu Unrecht. Die meisten Basken sind zwar freiheitsliebend und stehen dem aus Madrid gelenkten Staatsapparat skeptisch ge-

vom deutschen Gelehrten Wilhelm von Humboldt beschrieben, der nach einer Reise im Frühling 1801 umfangreich Zeugnis ablegte.

Apropos Frühling: eine gute Reisezeit! Auch Sommer und Herbst sind zu empfehlen, wobei Regen nie auszuschließen ist. Er ist der Preis für das erfrischend grüne Pflanzenkleid, das so oft überrascht. Das Baskenland ist ideal für jene, die in Spanien eine echte Entdeckerregion und unausgetretene Pfade suchen. Im wahrsten Sinn der Worte. Bezeichnendes Beispiel: der Naturpark Izki mit seinen Wegen durch Märchenwälder aus Buchs, Pyrenäen- und Steineichen …

▶▶ TREND GUIDE BASKENLAND

Die heißesten Entdeckungen und Hotspots! Unser Szene-Scout zeigt Ihnen, was angesagt ist

Agustin Ciriza
arbeitet seit vielen Jahren als Adventure Guide im Baskenland. Der Weltenbummler hat sich in San Sebastián am Strand von Zurriola niedergelassen. Wenn er nicht in Sachen Kultur oder Gastronomie als Reiseführer unterwegs ist, findet man ihn auf seinem Surfboard oder bei einem der vielen Festivals der Region. Dort hält unser Szene-Scout immer die Augen offen, damit er die neuesten Trends nicht verpasst.

▶▶ COMICS FÜR DIE TRADITION

Kunterbunt und baskisch

Traditionspflege ist den Basken wichtig. Neuester Clou, um die Jugend an die alten Werte zu binden: Comics auf baskisch, wie zum Beispiel der Comic *Xabiroi* (Foto). Comics aus der Feder der besten Autoren und Illustratoren der Region sollen Schüler zum Lesen der Muttersprache animieren. Weitere bekannte Vertreter der baskischen Comicszene sind Guillermo Zubiaga *(www.guillermozubiaga.com)* oder José Luis Ágreda. Ihre und Werke anderer Autoren und Illustratoren finden Fans im *Joker*, dem Pilgerort für Comicliebhaber *(Bertendona 2, Bilbao, www.joker-comics.com)* oder im Comicbuchladen *Zinko (Calle de Gregorio de la Revilla 33, Bilbao, www.zincomics.com)*. Dass die kunterbunten Geschichten ihre Vorbildfunktion erfüllen, zeigt

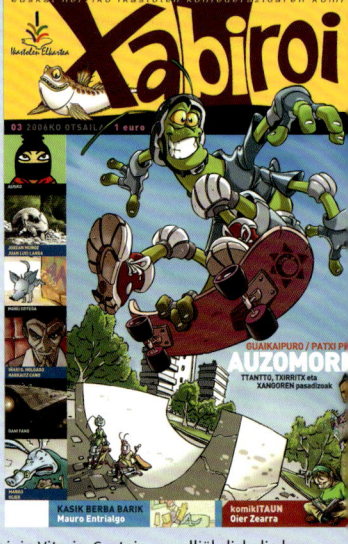

der große Andrang beim *El Festival Crash Cómic* in Vitoria-Gasteiz, wo alljährlich die besten jungen Comiczeichner der Region ausgezeichnet werden *(www.crashcomic.com)*.

SZENE

▶▶ DA GEHT DER PUNK AB

Nachwuchsband beweisen sich live

Mit gesellschaftskritischen Texten und punkigen Gitarrensounds wollen sich die baskischen Musiker vom Rest Spaniens abheben. So auch Forol, Urru, F.M. und Txobas von *A Patxas*, die auf baskischen Ska setzen *(www.myspace.com/apatxasmusic)*. Mit einer Mischung aus Rock und Punk machen die sechs Jungs von *Peleando A LaKontra* die Bühnen der Region unsicher *(www.peleandoalakontra.com)*. Die Band *Manifa* aus Barakaldo gibt mit gitarrenlastigen Songs richtig Gas – am liebsten live im *Pub Auriki (Barrencalle 4, Bilbao, (www.myspace.com/manifapoderyfascismo)*. Punk zum Mitfeiern bei Livekonzerten gibt's im *Bilboko Kafe Antzokia (San Vicente 2, Bilbao)* und dem kleinen Bruder *Ondarroako Kafe Antzokia* in Ondarroa *(Iparragirre 10, www.kafeantzokia.com, Foto)*.

▶▶ HAUTE CUISINE

Angulas im Gourmetmenü

Im Baskenland kommen traditionelle, aber selbst für Feinschmecker eher ungewöhnliche Zutaten auf die Teller der Gourmetlokale. Sternekoch Fernando Cancales integriert im Restaurant *Etxanobe* Meerestiere wie *txangurros* (Seespinnen), *kokotxas* (Fischbäckchen) oder *angulas* (Babyaale) in seine Menüs *(Palacio Euskalduna, Avenida Abandoibarra 4, Bilbao, www.etxanobe.com)*. Auch das *Restaurante Guria* ist bekannt für *angulas (Gran Via 66, www.restauranteguria.com)*. Im *Asador Etxebarri* serviert Chefkoch Victor Arguinzoniz in der Pfanne gegrillte *angulas (Plaza San Juan 1, Axpe-Marzana, www.asadoretxebarri.com)*.

▶▶ FRECHE FASHION

Hauptsache auffallen

Die Jungdesigner an der wilden Küste Nordspaniens sorgen mit ausgefallenen Kreationen für Lichtblicke. So auch Ion Fiz aus Bilbao, der bereits mehrere Preise für seine mondänen Entwürfe eingeheimst hat. Modefans shoppen seine Kollektion in der *Boutique Ion Fiz (Iparraguirre 38, Bilbao, www.ionfiz.com*, Foto). Miriam Ocariz entwirft T-Shirts. Was sich zuerst schlicht anhört, entpuppt sich als ziemlich glamourös. Die Motive auf den Shirts sind eine Mischung aus Druck und Malerei und somit einzigartig. Sogar Prinzessin Letizia überzeugen die Entwürfe *(Bilbao, www.miriamocariz.com)*. In San Sebastián entwirft Leire Santillan elegante Kleider, die durch Stickereien und Muster aufgelockert werden. Ihre teilweise asiatisch anmutende Kollektion gibt's im hauseigenen Studio-Shop *(Labeaga 35–37, Urretxu, www.leire santillan.com)*. Über noch mehr Design-Outfits freuen sich Modefans in der Boutique *Sita Murt (Calle Elcano 13, Bilbao)*.

▶▶ GRUSELFILME KOMMEN AN

Zukunftsvisionen und Horrortrips

Die Filmgenres Science-Fiction und Horror haben es den Basken angetan. Gleich zwei Filmfestivals in der Region beschäftigen sich ausschließlich mit dieser Art von Movie. Das *FANT*-Kinofestival lockt jedes Jahr im Frühling Star-Trek-, Sci-Fi- und Fantasy-Fans nach Bilbao *(www.fantbilbao.net)*. Das Festival *Semana de Cine Fantástico y de Terror* in San Sebastián zeigt Horrorfilme mit einem Schuss Humor *(www.sansebastianhorror festival.com*, Foto). Science-Fiction und Co. sehen Cineasten das ganze Jahr über im Kino *Cines Renoir Dusto* in Bilbao *(Avenida Aguirre Lehendakari 23, www.cinesrenoir.com)*. Der Star der Szene ist übrigens Regisseure Koldo Serra aus Bilbao, der mit seinen Kurzfilmen *El Tren de la Bruja (www.eltrendelabruja.net)* oder *Amor de madre* von sich reden macht.

▶▶ BALANCEAKT

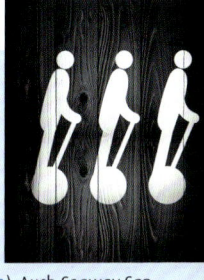

Segway: die moderne Art, sich fortzubewegen

Mit dem Segway düst der Baske neuerdings ganz ökologisch durchs Land. Die zweirädrigen, selbst balancierenden Elektrogefährte gibt's bei *En-Medio* in Eskoriatza sogar als Sonderedition für Golfer: Durch den Extraplatz für den Golfbag hat man seinen persönlichen Caddy immer mit dabei *(Intxaurtxueta 7, www.en-medio.com)*. In San Sebastián geht es mit dem Team von *Iromoto* z.B. an den Strand von Zurriola *(Calle de Segundo Izpizua 5, www.segwaydonosti.com)*. Auch *Segway San Sebastián* bietet Touren an *(Plaza Sarriegui 1, www.segwaysansebastian.com)*.

▶▶ AUS ALT MACH NEU!

Szenelocations in Fabrikgebäuden

Alte Fabrikgebäude werden renoviert und sind als Szenetreffs heiß begehrt – allen voran der Club *The Loft (Alameda Urquijo 34, Bilbao, www.clubtheloft.com)* und die Disco *The Loft (Paseo Senda s/n, Bilbao, www.loftvitoria.com)*. Die zufällige Namensgleichheit kommt nicht von ungefähr: In beiden Locations wurde der ursprüngliche Fabrikcharme beibehalten, sodass sie Lofts ähneln. In vollem Gang ist der Umbau in einer ehemaligen Tabakfabrik in San Sebastián. Hier entsteht das Kulturzentrum *Tabalkalera* mit Kino, Galerien und Restaurants. Einige Veranstaltungen können Interessierte bereits besuchen *(Duque de Mandas 52, www.tabacalera.eu)*.

▶▶ AUF SCHATZSUCHE

Schnitzeljagd mit Karte, Kompass & Co.

Wie geschaffen für den Trendsport Orienteering ist die unberührte Natur des Baskenlandes. Mit dem Team von *Aventura Sobrón* geht es auf der Suche nach zuvor festgelegten Kontrollpunkten durch die Sierra de Aracena *(Calle La Playa 9, Sobrón, www.aventurasobron.com)*. Die Abenteurer von *Hulu Ocio Aventura y Naturalza* kämpfen sich mit Kompass, Karte und in der Nacht auch mit Stirnlampe z. B. durch das Dickicht des Parque Natural de Valderejo oder sind in La Arboleda bei Bilbao unterwegs *(Calle Islas Canarias 69, Bilbao, www.huluaventura.com)*. Bei *Troka Abentura* findet die moderne Schnitzeljagd rund um den Strand von Gorliz statt *(Calle de Itxasbide 58, www.troka.com, Foto)*.

> ## SPORT, SPASS UND SPRACHE

In vielerlei Bereichen hebt sich das Baskenland vom übrigen
Spanien ab; der Nationalismus hat einen besonderen Stellenwert

BEVÖLKERUNG

Im Baskenland wechseln sich dünn
besiedelte Gebiete im Hinterland mit
den Ballungsräumen von Bilbao
(Kernbereich 370 000 Ew., im Groß-
raum mehr als 800 000 Ew.), Vitoria
(230 000 Ew.) und San Sebastián
(180 000 Ew.) ab. Die Grenzstadt zu
Frankreich heißt Irún (55 000 Ew.).
Insgesamt leben rund 2,2 Mio. Menschen in der Region.

Im Lauf seiner Geschichte hat das
Baskenland durch die Fortschritte
der Industrialisierung nicht nur Zu-
zügler geschluckt. Armut und Per-
spektivlosigkeit zwangen immer
wieder viele Basken in die Emigra-
tion. Zwischen 1880 und 1930 gab es
größere Emigrationswellen nach Ko-
lumbien, Uruguay, Argentinien,
Australien und an die Westküste der
USA – davon zeugen dort heute regelrechte baskische Kolonien.

> *www.marcopolo.de/baskenland-bilbao*

STICH
WORTE

ETA

Eta steht für *Euskadi ta askatasuna*, „Baskenland und Freiheit". 1959 gründete sich diese Separatistenorganisation, die dem diktatorischen Regime des Generals Franco die Stirn zu bieten begann, 1968 ihren bewaffneten Kampf aufnahm und den Ruf nach baskischer Selbstbestimmung mit Gewalt unterstrich. Zu jenen Zeiten wurden Eta-Terroristen als Freiheitskämpfer verehrt und genossen breite Rückendeckung im Volk, das sich von Franco und seinen Schergen über alle Maßen unterdrückt sah. Nach Francos Tod 1975, der auch das Ende der Diktatur bedeutete, schwor ein Teil der Eta der Gewalt ab.

Der radikale Flügel hingegen setzte den Terror fort und riss im Lauf der Jahre Hunderte Menschen in den Tod. Meist bombte die Eta nicht blind drauflos, sondern suchte gezielt ihre Opfer aus, weshalb für Touristen nie eine unmittelbare Gefahr bestand. Ins Fadenkreuz gerieten zuvorderst Staatsrepräsentanten jedweder Art, ob Richter, Politiker oder Polizisten. Brutalste Morde und regelrechte Hinrichtungen brachten ab Ende der 1990er-Jahre in ganz Spanien Millionen Menschen auf die Straße, um gegen die Organisation zu protestieren. Gleichzeitig glückten der Polizei – oft in spanisch-französischer Zusammenarbeit – immer wieder Festnahmen wichtiger Eta-Leute.

2006 verkündete die Eta einen einseitigen und unbefristeten Waffenstillstand, der bald wieder gebrochen wurde. Spätestens dies veranlasste Spaniens sozialistischen Regierungschef José Luis Rodríguez Zapatero, seine vielfach kritisierten Verhandlungen mit der Eta abzubrechen. Im Lauf des Jahres 2008 ereignete sich eine erneute Anschlagswelle, obgleich die Struktur der Eta nur noch auf fragilem Fundament zu stehen schien. In enger Kooperation mit Frankreich, wo die gegenwärtige Operationsbasis der Terroristen vermutet wird, gingen der Polizei Ende 2008 mehrere maßgebliche Eta-Köpfe ins Netz.

FAUNA & FLORA

Während größere Säugetiere wie der Braunbär einst im Gorbeia-Gebirge vorkam und nunmehr verschwunden ist, haben sich Rotfuchs, Steinmarder und Wildschwein, aber auch die seltene Ginsterkatze in der baskischen Fauna erhalten. In Naturschutzgebieten wie Valderejo breitet der Gänsegeier seine Schwingen aus, ansonsten kommen in der vielfältigen Vogelwelt der Uhu, der Wanderfalke, der Grünspecht und der Eisvogel vor. Außerdem gibt es Feuersalamander, Smaragdeidechsen und zahlreiche Schmetterlingsarten.

In der erfrischend grünen Pflanzenwelt wechseln sich eher bekannte Spezies wie Buchen, Kastanien und Waldkiefern mit Pyrenäen- und Steineichen ab.

JAKOBSWEG

Viele Wege führen nach Santiago de Compostela – und manche durch das Baskenland. Nach der wundersamen Entdeckung des Apostelgrabes des hl. Jakobus im 9. Jh. im nordwestspanischen Galicien bildeten sich die verschiedensten Routen heraus. Hinter der französischen Grenze begannen zwei wichtige Strecken, die im Zuge des Jakobsweg-Booms im Baskenland allmählich wiederbelebt werden: der sogenannte Küstenweg über San Sebastián, Getaria und Bilbao sowie der Weg durchs Landesinnere, der südwestlich von Tolosa durch den Tunnel von San Adrián führt und über Zalduondo und Vitoria an die Hauptachse Pamplona–León anbindet. Detaillierte Informationen finden Sie im MARCO POLO Band „Jakobsweg Spanien".

NATIONALISMUS

Vater des modernen baskischen Nationalismus war Sabino de Arana (1865–1903), der Begründer der Baskischen Nationalistischen Partei (PNV). Arana unterstrich die kulturell-rassische Sonderstellung der

Basken und zielte auf einen unabhängigen Bund der historischen baskischen Gebiete ab. Diese radikal-nationalistische Sicht setzt sich bis heute fort und deckt sich nicht mit der offiziellen politischen Gliede-

das ist eingefleischten Nationalisten zu wenig. 2002 legte der baskische Ministerpräsident Juan José Ibarretxe seinen „Plan Ibarretxe" vor, mit dem er darauf abzielte, das Baskenland in einen mit Spanien assoziierten Frei-

Die „Ikurriña" ist die offizielle Flagge der Autonomen Region Baskenland

rung, denn unter diesem Aspekt gehören die Nachbarregion Navarra wie auch die französischen Landstriche Soule, Labourd und Basse-Navarre auch zum Baskenland. Allerdings ist das Baskenland als solches niemals unabhängig gewesen; im Mittelalter war das Territorium immer wieder Spielball zwischen den Interessen verschiedener Königreiche wie Kastilien und Navarra.

1979, ein Jahr nach Verabschiedung der Verfassung, erhielt das Baskenland ein Autonomiestatut – doch

staat zu verwandeln. 2005 wies das spanische Parlament den Plan zurück. Seither werden immer wieder Rufe nach einem baskischen Volksentscheid laut, der allerdings nicht verfassungskonform ist. Auch 2008 biss Ibarretxe mit einem neuerlichen Vorstoß auf Granit.

NATUR & UMWELT

Knapp ein Fünftel des Baskenlands steht unter Naturschutz, aufgeteilt in etwa 20 Gebiete. An der Spitze stehen Naturparks *(espacios naturales, parques naturales)* und geschützte Biotope *(biotopos protegidos)*, hinzu kommen das Biosphärenreservat *Urdaibai* an der Küste bei Bermeo sowie die beiden kleinen Ökoparks *Karpin Abentura* im Valle de Carranza und *Plaiaundi* bei Hondarribia.

Das Bewusstsein für Natur- und Umweltschutz hat sich in den letzten Jahren geschärft, was dem Baskenland zusammen mit Katalonien einmal mehr Pioniercharakter in Spanien verleiht – das gilt auch für die Getrenntmüllsammlung und den Abtransport der Abfälle auf unterirdischen Bändern (z.B. in Vitoria). Auf dem Gebiet des „grünen Tourismus" gibt es Wander- und Radwege, vorbildlich arbeitende Infocenter in den Naturparks, organisierte Sport- und Freizeitanbieter. All dies bedeutet allerdings noch nicht, dass die Schwerindustrie von einem Tag auf den anderen verschwunden wäre.

PELOTA

Die Traditionssportart Pelota wird in Hallen und auf Freiluftfeldern gespielt, im Einzel oder im Doppel und in den verschiedensten Modalitäten, die wiederum vom „Zubehör" abhängen. *Pelota vasca* spielt man u.a. mit Holzschlägern oder der blanken Hand. Bei der Disziplin *cesta punta* geht es mit Korbschlägern zur Sache, und jeder Akteur trägt einen Helm. Kein Wunder, denn die Gummibälle sind pfeilschnell – sie erreichen Geschwindigkeiten von bis zu 300 km/h. Matches jeder Art werden oft live im Fernsehen übertragen, während der Spiele frönen die Bas-

ken ihrer Wettleidenschaft. Es gibt Pelotaprofis, und in manchen Orten ist die Pelotahalle sogar größer als die Kirche.

POLITISCHE GLIEDERUNG

Das Baskenland ist eine von 17 Autonomen Gemeinschaften *(Comunidades Autónomas)*, in die sich Spanien aufteilt und die vergleichbar mit Bundesländern sind. An der Spitze steht der Ministerpräsident *(lehendakari)*, der traditonsgemäß von der Baskischen Nationalistischen Partei gestellt wird. Das Baskenland setzt sich aus den drei Provinzen Guipuzcoa, Vizcaya und Álava zusammen; Hauptstadt ist Vitoria.

SPORT

Über Pelota hinaus beherrscht König Fußball die Schlagzeilen. Und da gibt es einen Club, der Kult ist im Baskenland und dessen Fußballstadion San Mamés schlichtweg „Kathedrale" genannt wird: *Athletic Bilbao*, mehrfacher spanischer Meister und noch öfter Pokalsieger. Die größte Besonderheit sind die Statuten, die ausschließlich Basken das Spielen in den Reihen von *Athletic* erlauben – entsprechend hoch ist der Identifikationsgrad bei den Fans. Etwas abgemildert geht es in einem anderen traditionsreichen Erstligaverein zu, der *Real Sociedad* aus San Sebastián. Hier dürfen Basken und Ausländer kicken, aber keine anderen Spanier. In Vitoria sorgen der Fußballverein *Alavés* und die Basketballer von *Tau Cerámica* für Schlagzeilen; zuletzt 2008 wurde Tau spanischer Meister und Supercup-Sieger.

SPRACHE

Euskera oder *Euskara* heißt die baskische Sprache, deren Wurzeln sich im Dunkel der Geschichte verlieren. Manche Forscher wollen im Wortschatz ansatzweise Parallelen zum Kaukasischen entdeckt haben, andere sehen sie als die älteste Sprache des europäischen Kontinents. Fest steht, dass das Baskische keinerlei Verwandtschaft zu anderen europäischen Sprachfamilien aufweist. Zusammen mit dem normalen Spanisch *(Castellano)*, dem Galicischen *(Galego)* und dem Katalanischen *(Català)* ist *Euskera* eine von vier offiziell anerkannten Sprachen in Spanien.

Schätzungen gehen davon aus, dass Baskisch im historischen Baskenland – also beiderseits der Pyrenäen – von 600 000 bis 700 000 Menschen gesprochen oder zumindest verstanden wird. Gewagtere Schätzungen belaufen sich sogar auf über 1 Mio. Es gibt Zeitungen, Bücher, Fernseh- und Radiosender auf Baskisch und seit 1918 sogar eine eigene Sprachakademie. Heute weit verbreitet ist der Typus der Privatschule *(ikastola)*, wo der Nachwuchs das Pensum auf Baskisch absolviert. In öffentlichen Schulen ist *Euskera* oft Wahlfach.

In ihrer Sprache bezeichnen sich die Basken als *euskaldunak*, „Menschen, die *euskera* reden" – was längst nicht bedeutet, dass heutzutage jeder Baskisch spricht. *Euskera* mag Bewusst- und Selbstbewusstsein ausdrücken, doch ebenso gut wissen die Basken, dass man sich einzig mit Spanisch international verständlich macht.

> DAS KLIMA IM BLICK
Handeln statt reden   atmosfair

Reisen bereichert und verbindet Menschen und Kulturen. Jedoch: Wer reist, erzeugt auch CO$_2$. Dabei trägt der Flugverkehr mit bis zu 10 % zur globalen Erwärmung bei. Wer das Klima schützen will, sollte sich somit nach Möglichkeit für die schonendere Reiseform (wie z. B. die Bahn) entscheiden. Wenn keine Alternative zum Fliegen besteht, so kann man mit *atmosfair* handeln und klimafördernde Projekte unterstützen.

atmosfair ist eine gemeinnützige Klimaschutzorganisation.

Die Idee: Flugpassagiere spenden einen kilometerabhängigen Beitrag für die von ihnen verursachten Emissionen und finanzieren damit Projekte in Entwicklungsländern, die dort helfen den Ausstoß von Klimagasen zu verringern. Dazu berechnet man mit dem Emissionsrechner auf *www.atmosfair.de* wie viel CO$_2$ der Flug produziert und was es kostet, eine vergleichbare Menge Klimagase einzusparen (z. B. Berlin–London–Berlin: ca. 13 Euro). *atmosfair* garantiert, unter der Schirmherrschaft von Klaus Töpfer, die sorgfältige Verwendung Ihres Beitrags. Auch der MairDumont Verlag fliegt mit *atmosfair*.

Unterstützen auch Sie den Klimaschutz: *www.atmosfair.de*

KARNEVAL, FOLKLORE & JAZZ

Stets gibt's etwas zu feiern: mit Festivals, Umzügen, Wallfahrten oder Festwochen

> Wenn es ums Feiern geht, bricht bei Spaniens Nordlichtern eine typisch südländische Begeisterung aus: ob beim Karneval oder zum Beispiel bei Patronatsfesten *(fiestas patronales)*, die wichtigen Raum einnehmen, genau wie örtliche Wallfahrten *(romerías)* – dann stehen die Räder oft mehrere Tage still.

■ FEIERTAGE

1. Jan. Neujahr *(Año Nuevo)*; **6. Jan.** Dreikönigstag *(Epifanía)*; **19. März** St.-Josephstag *(San José)*; **Gründonnerstag** *(Jueves Santo)*; **Karfreitag** *(Viernes Santo)*; **Ostermontag** *(Lunes de Pascua)*; **1. Mai** Tag der Arbeit *(Fiesta del Trabajo)*; **12. Okt.** Tag des Spaniertums *(Día de la Hispanidad)*; **1. Nov.** Allerheiligen *(Todos los Santos)*; **6. Dez.** Tag der Spanischen Verfassung *(Día de la Constitución Española)*; **8. Dez.** Mariä Empfängnis *(Inmaculada Concepción)*; **25. Dez.** Weihnachtstag *(Navidad)*

■ FESTE UND VERANSTALTUNGEN

Januar
19./20. Jan.: großes Patronatsfest in San Sebastián mit der *Tamborrada,* dem Trommelmarathon; am 20. Jan. vormittags Umzug der Kinder

Februar/März
Karneval mit buntem Treiben in Bilbao und Vitoria, aber auch in kleineren Orten wie Markina und Zalduondo (Karnevalssonntag)

März/April
In der Karwoche *(Semana Santa)* finden die bekanntesten Prozessionen in Balmaseda statt, weitere u.a. in Durango, Hondarribia und Segura. Im nahen riojanischen Ort San Vicente de la Sonsierra gibt es schaurige Umzüge der Geißler an Gründonnerstag und Karfreitag.
28. April: am Tag des alavasischen Schutzpatrons San Prudencio Wallfahrt nach Armentia

Aktuelle Events weltweit auf www.marcopolo.de/events

> EVENTS
FESTE & MEHR

Juni

Sonntag nach Fronleichnam *(Corpus Cristi)*: Prozessionen in Oñati, die auf 500-jährige Traditionen zurückblicken. 24. Juni: tänzerisch umrahmtes *Cachimorro*-Fest in Laguardia; Wallfahrt nach San Juan de Gaztelugatxe. 29. Juni: *Kaixarranka*-Fest in Lekeitio. 30. Juni: am Tag von San Marcial in Irún Knall und Pulverdampf bei der historischen Waffenparade *Alarde de Armas*

Juli

Monatsmitte: internationales **Jazzfestival** in Vitoria, das es schon seit 1979 gibt; Tickets unter: *www.jazzvitoria.com.* Zweite Monatshälfte: internationales Folklorefestival in Portugalete. 22. Juli: ab Bermeo und Mundaka Meereswallfahrt zur Insel Izaro

August

Monatsbeginn: ⭐ mehrtägiges Patronatsfest zu Ehren der *Virgen Blanca,* der „Weißen Jungfrau", in Vitoria, begleitet von viel Musik und Folklore; Festauftakt

mit der *Bajada del Celedón,* einer über der Plaza de la Virgen Blanca schwebenden Puppe; eindrucksvolle Laternenprozession am Abend des 4. Aug. Monatsmitte: *Semana Grande,* die große Festwoche von San Sebastián mit Feuerwerk, Kultur- und Sportprogramm. Zweite Monatshälfte: ⭐ große Festwoche in Bilbao

September

Monatsbeginn: *Azkena Rock Festival* in Vitoria; Termine und Tickets unter *www.azkenarockfestival.com.* 8. Sept.: feierlicher Umzug *(alarde)* in Hondarribia, der an den Sieg über die Franzosen im Jahr 1638 erinnert. Filmfestspiele in San Sebastián. Letztes Wochenende: *Mercado Medieval,* Mittelaltermarkt in Vitoria

Dezember

24. Dez.: in Dörfern und Städten Weihnachtsumzüge mit dem *olentzero,* einer Köhlerfigur, die aus den Bergen kommt und die frohe Botschaft verkündet

> TRADITIONEN UND NOUVELLE CUISINE

Im kulinarischen Panorama Spaniens nimmt das Baskenland eine Sonderstellung ein

> Feinschmeckern auf der ganzen Welt läuft das Wasser im Mund zusammen, sobald sie ans Baskenland denken. Zusammen mit Katalonien genießt *Euskadi* den Ruf, die kreativsten Küchenmeister Spaniens zu beheimaten.

Eine Tendenz, die in den Zeiten der Belle Époque begann und sich vor Jahren mit Kochkünstlern wie Karlos Arguiñano, Juan Mari Arzak, Pedro Subijana und Martín Berasategui fortsetzte. Bis heute ist der Boom un-

gebrochen. In der gesamten Region dürfen sich die Restaurants in doppelter Hinsicht als „ausgezeichnet" betrachten, denn die Qualität strahlt mit den vergebenen Sternen, Mützen und Gabeln um die Wette.

In Töpfen und Pfannen vermischt sich Tradition mit Avantgarde, wobei selbst die gewagtesten Kreationen mit Gerichten nach alter Väter Sitte verbunden werden. Da kommen geschmorte Schweinsbäckchen schon

> *www.marcopolo.de/baskenland-bilbao*

ESSEN & TRINKEN

mal mit Linsen daher, Tintenfische mit Reiscreme, Tomatensuppe mit Sardellen. In ihren Restaurants pflegen die Meister ihre *cocina de autor,* ein Ausdruck, der die persönliche Note des Chefs umreißt; eine feststehende deutsche Übersetzung gibt es nicht. Kein Wunder, dass immer wieder neue Spitzenkräfte nachwachsen, werden sie doch von klein auf mit den Wundern und Eigenheiten der baskischen Küche vertraut gemacht.

Dazu zählen die *txokos* oder *sociedades gastronómicas,* „gastronomische Gesellschaften", in denen sich Männer traditionell zum gemeinsamen Kochen und Essen einfinden. Hier geben sie sich stundenlangen Vorbereitungen hin, stehen gemeinsam am Herd, testen neue Rezepte und tafeln bis tief in die Nacht hinein. Oftmals sind diese gastronomischen Gesellschaften geschlossene, je nach Statut sogar für die eigenen Frauen.

In der baskischen Küche sind der Fantasie keine Grenzen gesetzt – am besten, Sie überzeugen sich bei einem Degustationsmenü selbst! Ein solches *menú de degustación* gilt als Visitenkarte der *cocina de autor* und kann durchaus zehn sorgsam portionierte Gänge umfassen. Was da genau auf den Tisch kommt, ist kaum vorherzusagen, denn die Menükompositionen wechseln je nach Marktangebot, Zutaten und neuen Ideen.

Der kulinarischen Spitzenregion entsprechen die Spitzenpreise. Für ein gutes *menú de degustación* sollten Sie mindestens 50 Euro pro Per-

> SPEZIALITÄTEN

Genießen Sie die typisch baskische Küche!

angulas – die Glasaale werden gerne in Schüsselchen mit Olivenöl, angebratenem Knoblauch und ein wenig getrockneter Chilischote serviert; in Feinschmeckerrestaurants findet man sie mitunter in Salaten

bacalao al pil pil – in Olivenöl und Knoblauch gebrutzelte Stockfischfilets; mit sämiger, mitunter etwas scharfer Sauce (Foto)

chipirones en su tinta – Tintenfische, gekocht in einer Sauce aus der eigenen Tinte und pürierten Zwiebeln

chorizo – Paprikawurst, meist mit Knoblauch, wird kalt oder warm gegessen; als einfaches Gericht kommt sie mit Kartoffeln *(patatas)* auf den Tisch

chuletillas de cordero – gegrillte Lammrippchen

chuletón – T-Bone-Steak; wird im Grillrestaurant gelegentlich nach Gewicht berechnet

cuajada – Schafsmilchjoghurt, den man gerne mit Zucker oder Honig süßt

goxua – alkoholisch getränkter Biskuit mit Schlagsahne und Karamellschicht

habas a la vitoriana – Saubohnen auf vitorianische Art, mit Speck und luftgetrocknetem Schinken

kokotxas – zarte Kiemenbacken vom Fisch, geschätzt als exquisite Vorspeise

marmitako – Fischeintopf mit frischem Thunfisch, Kartoffeln, Tomaten, Zwiebeln, Knoblauch und Chili

migas – geröstete Brotwürfel, zubereitet in Olivenöl und mit Knoblauch, dazu Gewürze, Wurst- und Speckstückchen

queso de Idiazábal – Käse aus der Milch der Latxa-Schafe, dem eine lange Reifezeit tiefes Aroma verleiht

revuelto de perretxikos – Pilzgericht mit Rührei und Knoblauch

txakolí – leichter, spritziger Wein aus der Küstengegend mit 9–11 Prozent Alkoholgehalt

txangurro a la donostiarra – Seespinne auf San-Sebastián-Art, also mit Lauch, Zwiebeln und Tomaten

son einkalkulieren, Getränke extra. Natürlich geht es auch günstiger: mit einem soliden Tagesmenü *(menú del día)*, das werktags mittags in einfachen Restaurants ab 8 10 Euro zu haben ist. Ein *menú del día* bietet Vor-, Haupt- und Nachspeise zur Auswahl, Landwein und Brot sind in der Regel im Preis enthalten.

Auf Kostproben sind viele Kneipen mit ihren *tapas* spezialisiert, Häppchen jedweder Art, die im Baskenland auch den Namen *pintxos* tragen und auf dem Tresen auf ihre Verkoster warten. Die verführerischste – und nach Expertenmeinung in ganz Spanien beste – Auswahl bieten die Bars in San Sebastiáns Altstadt.

Ein üppiges Frühstück hingegen ist die Sache der Einheimischen nicht. Gegen 8/8.30 Uhr bescheidet man sich mit einem Milchkaffee *(café con leche)* und allenfalls einem Croissant und geduldet sich lieber ein wenig, bis die erste Zeit der Häppchen anbricht: gegen 12.30/13 Uhr. Dann geben ein *pintxo* und ein Wein das ideale kulinarische Vorspiel fürs Mittagessen ab, das ab 13.30/14 Uhr ansteht. Das Abendessen wird ab 21 Uhr eingenommen, wobei sich mancher wiederum gerne mit *pintxos* einstimmt und erst um 22/22.30 Uhr mit dem Nachtmahl beginnt.

Im Baskenland, einer Traditionsregion der Bauern und Fischer, ist die Speisenauswahl entsprechend groß. Auf Wochenmärkten und Speisekarten sieht man Fische wie Thunfisch *(bonito)*, Seeteufel *(rape)*, Seehecht *(merluza)*, Meerbarbe *(salmonete)*, Meerbrasse *(besugo)*, Wolfsbarsch *(lubina)* und Seeaal *(congrio)*. Garnelen *(gambas)* und anderes Meeres-

Knabbert fürs Foto schon mal an Kapuzinerkresse: Kochkünstler Pedro Subijana

getier werden gerne auf der Grillplatte *(plancha)* zubereitet. Auch Oktopus *(pulpo)* und kleine Tintenfische *(chipirones)* sind beliebt, während im Inland verschiedene Pilzarten, Saubohnen, Pfefferschoten *(guindillas)*, Tomaten und grüne Paprikaschoten *(pimientos verdes)* verbreitet sind.

Von höchster Qualität sind die Weine aus dem südlichen Baskenland, das an die Rioja und das fruchtbare Ebro-Becken stößt. Dort öffnen sich die Tore zu hervorragenden Weinkellereien *(bodegas)*; die Tropfen tragen die geschützte Herkunftbezeichnung *(denominación de origen)* der Rioja Alavesa.

MODE, WEIN UND MARKTPRODUKTE

Das Baskenland ist keine typische Souvenirregion – dennoch lässt es sich sehr gut einkaufen

LEBENSMITTEL

Bunt und bodenständig geht es auf den Wochenmärkten *(mercados)* zu, auf denen die regionalen Erzeugnisse obenan stehen; meist öffnen die Märkte montags bis samstags von 9 bis 14 Uhr, wobei montags die Fischabteilungen geschlossen bleiben.

Typische Paprika-Knoblauchwürste wie *chorizos* und *txistorras* lassen sich am besten in Plastik verpackt mitnehmen, mitunter kann man sie in Folie einschweißen lassen *(envasar al vacío)*. Für den Transport nach Hause sind Hartkäse geeignet, darunter der feste Schafkäse *Idiazábal,* der eine geschützte Herkunftbezeichnung trägt. Marktstände und Feinkostgeschäfte fahren eine riesige Bandbreite an typischen Produkten der Region auf: ob Beutelchen mit getrockneten Pilzen, Pasteten *(patés)* in Gläsern, rote Bohnen (sind kiloweise zu kaufen), eingelegte Sardellen oder eingelegte Knoblauchzehen, außerdem Spargel und Porree in Dosen bzw. Gläsern. Vermeintlich typische eingelegte Paprika kommen jedoch mitunter aus Peru – prüfen Sie vor dem Kauf das Etikett! Aus Tolosa stammen bekannte Süßwaren, zum Beispiel Gebäck wie *tejas* und *canutillos.*

MODE

Die moderneren Bereiche der Innenstädte von Vitoria, San Sebastián und Bilbao zeichnen sich durch elegante Shoppingzonen aus, in denen man die neuesten Kollektionen von Designerkleidung und Schuhen erwerben kann. In den Altstädten hingegen haben sich kleine, preisgünstigere Läden angesiedelt. Große Modeabteilungen für Sie und Ihn findet man in den Häusern der Großkaufhauskette *El Corte Inglés.* Jüngere Leute zieht es auf Einkaufstour in Läden der vergleichsweise preiswerten Modeketten *Mango* oder *Zara,* doch bedarf die Qualität einer genaueren Prüfung. T-Shirts mit einfallsreichen Aufdrucken und Motiven zum Baskenland gibt es in den Geschäften von *Kukuxumusu.*

> EINKAUFEN

MUSIK

Kleine Musikgeschäfte, aber auch die großen Musikabteilungen von *El Corte Inglés* verkaufen CDs von populären baskischen Musikern. Dazu zählen der Folkmusiker Kepa Junkera und Gruppen wie Oskorri. Pop und Rock made in Spain stehen generell hoch im Kurs. Landesweit haben die baskische Pop-band La Oreja de van Gogh sowie die Popinterpreten Mikel Erentxun und Álex Ubago riesige Fangemeinden.

TRADITIONELLES

In kleinen Mode- und Andenkenläden sind die traditionellen Baskenmützen *(boinas, txapelas)* erhältlich. Eine originelle Dekoration für daheim geben Pelotaschläger, vor allem die Wurf- und Fangröhren *(cesta punta),* und Pelotabälle ab *(pelotas vascas)* ab, zu bekommen in Sportgeschäften. Typisch ist auch der hölzerne Spazier- und Wanderstock *(makila),* der schon in mittelalterlichen Quellen erwähnt wird. Mit seinem robusten Mispelholz und der –

zeitweise verbotenen – metallbeschlagenen Spitze trägt er den Charakter einer Waffe, die einst gute Dienste bei Begegnungen mit Wegelagerern und wildem Getier in den Bergen leistete.

WEIN

Hervorragende Gelegenheiten zum Einkauf direkt beim Erzeuger bieten die <mark>Weinkellereien in der Rioja Alavesa.</mark> Gute Landweine gibt es ab etwa 3 Euro, Kenner greifen zu den höherwertigen roten Tropfen. Ein *crianza* ist mindestens zwei, ein *reserva* drei und ein *gran reserva* fünf Jahre lang in Eichenfass und Flasche gereift. *Crianzas* sind ab etwa 4–5 Euro pro Flasche erhältlich, für länger gereifte *reservas* sollten Sie mit mindestens 8–10 Euro rechnen, ein *gran reserva* kann durchaus 15–20 Euro kosten. Gute Adressen für den Weinkauf sind die Bodegas in und um Laguardia. Auch andernorts finden Sie gut sortierte Weinläden *(vinotecas).* Häufig sind Schilder zu sehen, die mit „Venta de Vinos" auf Weinverkauf hinweisen.

Insider Tipp

> VERWANDELTE STADT

Seit dem Bau des Guggenheim-Museums hat sich Bilbao vom Industriemoloch zum internationalen Besucherziel entwickelt

 KARTE IN DER HINTEREN UMSCHLAGKLAPPE

> Düster, industrieverschandelt und alles andere als ein touristischer Tipp – so sah die heutige 370 000-Ew.-Stadt [114 C3] am atlantiknahen Río Nervión noch Anfang der 1990er-Jahre aus. Dann brachte das lokale Sanierungsprogramm den entscheidenden Ruck. Der Wille zum Wagnis war da, Geld in Milliardenhöhe auch.

Immer öfter machte die Abrissbirne überkommenen Bauten den Garaus. Aus Alt wurde Neu, aus Grau wurde Grün. Gleichzeitig entstand auf einem bislang vernachlässigten Gelände am Río Nervión 1993–97 das Guggenheim-Museum für moderne und zeitgenössische Kunst, ein Werk des nordamerikanischen Architekten Frank O. Gehry. Niemand hätte zu träumen gewagt, welch eine Investition in die Zukunft Bilbao damit tätigen würde! Mit über 1 Mio. Besuchern pro Jahr ist das Museum zum

Bild: Kongresszentrum und Konzerthalle Euskalduna

BILBO
(BILBAO)

Motor des Tourismus geworden, unterstützt von internationalen Flugverbindungen. Heute hält der Imagewandel der im Jahre 1300 von Diego López de Haro begründeten Stadt unvermindert an. Das bedeutet nicht, dass die einstige Metropole der Werften und Schwerindustrien sämtliche Spuren der Vergangenheit abgestreift hat – doch man arbeitet daran. Beseelt von typisch baskischem Willen und Fleiß. Neben diesen Eigenschaf-

ten zeichnen sich die Bewohner Bilbaos zusätzlich durch ihren ausgeprägten Stolz aus, was dazu führt, dass sie in Augen anderer Spanier oft als hochnäsig gelten.

Wer die Stadt entdecken will, dürfte nicht ausnahmslos alles zu Fuß schaffen. An öffentlichen Verkehrsmitteln stehen Metro, Straßenbahn und Stadtbusse zur Wahl. Die Metrolinien L-1 (Etxebarri–Plentzia) und L-2 (Etxebarri–Portugalete) fahren in der Innenstadt dieselben Stationen an, Infos unter *www.metrobilbao.net*. Einen größeren Einzugsbereich haben die Nahverkehrszüge von Renfe und Euskotren.

Balkonen und Fenstern. Die Gassenstruktur wird durch die *Catedral de Santiago* durchbrochen, die dem hl. Jakobus geweihte Kathedrale *(Öffnung abhängig von den Gottesdienst-*

Bilbao ist modern und setzt Trends – das spürt man sogar beim Friseur

■ SEHENSWERTES

ALTSTADT ★ [U E–F4]

Die als Fußgängerzone aufbereiteten *Siete Calles,* die „Sieben Straßen", nehmen das Herz der geschäftigen Altstadt ein und deuten mit Namen wie Tendería und Carnicería auf die einst hier tätigen Krämer und Fleischer. Rundherum hat sich der gute alte Charme von Bilbao mit Glasgalerien, wappenverzierten Häusern, verschnörkelten Laternen, Restaurants, Kneipen und kleinen Läden erhalten. Ebenso sieht man – leider – Unterstützungsplakate für die Eta an

zeiten, meist Mo–Fr 10–13 u. 17–19.30 Uhr). Die Kirche ist traditioneller Halt der Küstenpilger auf dem Jakobsweg, ihre ältesten Bauteile gehen auf das 14. Jh. zurück, der Portikus datiert aus dem 16. Jh., Turm und Hauptfassade sind neogotischen Stils. Interessant im Inneren sind ein Jakobusbildnis und der Altarumlauf mit seinen Seitenkapellen.

Im erweiterten Umkreis der Siete Calles verdienen die Markthallen *Mercado de la Ribera* und das flussnahe *Teatro Arriaga* vom Ende des 19. Jhs. Beachtung. Das große Geviert der von Laubengängen umzogenen *Plaza Nueva* wurde im 19. Jh. gestaltet und bietet sich für eine **Kaffeepause** an, zum Beispiel in der *Cafébar Bilbao* mit Terrasse und einem Tapas-Tresen. *Metrostation Casco Viejo, Renfe-Bahnhof Abando*

FLUSSPROMENADEN

Im Rahmen des städtischen Verschönerungsprogramms sind am Río Nervión zwischen den *Flussbrücken Arenal* (beim Theater Arriaga [U E3]) und *Euskalduna* (beim Museo Marítimo Ría de Bilbao [U A1]) äußerst geschmackvolle Promenaden angelegt worden. Hier können Sie ausgiebig **promenieren oder joggen.** Aus Richtung Altstadt kommend, liegen das Rathaus, die *Zubizuri-Brücke* von Santiago Calatrava, das Guggenheim-Museum und eine Reihe großer Kinderspielanlagen am Weg. *Metrostationen Abando und Moyúa, Renfe-Bahnhof Abando*

MUSEO DE BELLAS ARTES   [U C2]

Das weitläufige Museum der Schönen Künste ist vorbildlich nach Epochen aufgezogen, beginnend bei Skulpturen und Gemälden aus dem Mittelalter. In die Zeit des 16./17. Jhs. gehören Meisterwerke von Jan Mandijn („Festín burlesco", Burleskes Fest, ist ein echter Höhepunkt), El Greco, Luis de Morales, Bartolomé Esteban Murillo, José de Ribera und Francisco de Zurbarán (eindrucksvoll: „La Santa Faz", Das heilige Schweißtuch). Von Francisco de Goya gibt es ein Porträt seines Freundes Martín Zapater zu sehen, auch Ignacio Zuloaga, Joaquín Sorolla und Paul Gauguin sind vertreten. In der Sektion für moderne und zeitgenössische Kunst sehen Sie Werke von Fernand Léger, Eduardo Chillida, Francis Bacon, Jorge Oteiza und Antoni Tàpies.

Zwischendurch können Sie im *Museumscafé* frische Kräfte tanken; ein Sondereingang führt in den Bereich für die regelmäßig stattfindenden Sonderausstellungen. In der *Cinemateca* (gesonderter Eintritt) laufen regelmäßig Filme, meist ältere spanische Streifen. *Di–So 10–20 Uhr | Eintritt 5,50 Euro, mittwochs ist der Museumseintritt frei | ein preisreduziertes Kombiticket für 12,50 Euro gilt für dieses Museum und das Guggenheim-Museum | Plaza del Museo 2 | www.museobilbao.com | Metrostation Moyúa*

MARCO POLO HIGHLIGHTS

★ **Altstadt**
Bummel durch die Gassen und Besuch der Kathedrale (Seite 32)

★ **Puente Colgante**
Doppeltes Erlebnis am Río Nervión: mit der Schwebebrücke oder ganz oben auf dem Fußgängergang über den Fluss (Seite 35)

★ **Mercado de la Ribera**
Herrliches Getümmel zwischen Ständen voll Fisch und baumelnden Würsten (Seite 37)

★ **Museo Guggenheim**
Besucher aus aller Welt zieht es zum großen architektonischen Wurf des Frank O. Gehry (Seite 34)

Puente Colgante: 160 m lang ist die Hängepartie über dem Fluss

Gehry ist zum Wahrzeichen und Aushängeschild Bilbaos erwachsen, nicht zuletzt dank seiner hauchdünnen Titanplatten, die der Struktur wie Fischschuppen aufsitzen und ihr einen weithin sichtbaren Glanz verleihen. Ebenfalls markant: Kalksteinblöcke und Glas, die Wassergärten zur Flussseite hin, Jeff Koons' Blumenhund „Puppy" auf der oberen Esplanade sowie der klammerartige Einbezug der benachbarten Brücke. An der Flusspromenade stimmt die Skulptur „Mama", ein Werk der Französin Louise Bourgeois, auf die Kunst ein. Mama ist eine riesige Bronzespinne, unter deren Beine man sich gut für ein <mark>originelles Foto</mark> <mark>Insi Tip</mark> stellen kann.

Das Innere des Museums wird beherrscht von einem 50 m hohen Atrium. In der mit 130 x 30 m größten der 19 Galerien ist mit Richard Serra's riesiger Stahlinstallation „Snake" eines der wenigen permanenten Exponate zu sehen. Ansonsten wechseln die Ausstellungen ständig. Meist sind zeitgleich mehrere zu sehen, die Qualität ist ganz unterschiedlich. *Di–So (Juli/Aug. tgl.) 10–20 Uhr | Eintritt 10,50 Euro | ein preisreduziertes Kombiticket für 12,50 Euro gilt für dieses Museum und das Museo de Bellas Artes | Avenida Abandoibarra 2 | www.guggenheim-bilbao.es | Metrostation Moyúa*

MUSEO DIOCESANO DE ARTE SACRO [U F5]

Diözesanmuseum der Sakralen Kunst, in dem die Exponate Silberschmiedearbeiten, Skulpturen und Gemälde aus diversen Epochen umfassen. *Di–Sa 10.30–13.30 u. 16–19, So 10.30–13.30 Uhr | donnerstags freier Zugang, ansonsten Eintritt 2 Euro | Plaza de la Encarnación 9-B | Metrostation Casco Viejo, Euskotren-Bahnhof Atxuri*

MUSEO GUGGENHEIM ★ [U D1]

Der Volksmund vergleicht die Museumsformen mit aufgefächerter Blüten oder einem gigantischen Schiff, das am Río Nervión angelegt hat. „Das Guggenheim" von Frank O.

MUSEO MARÍTIMO RÍA DE BILBAO [U A2]

Nahe dem großen Verladekran „Carola" geht es hinein ins Meeresmuseum, in dem sich alles um die Entwicklung von Bilbaos Hafen und des internationalen Seehandels dreht. Zu sehen gibt es historische Navigationsinstrumente, zahlreiche Schiffsmodelle in Glaskästen sowie die Replik eines vormals von der Stadt bei festlichen Anlässen genutzten Schiffs. Ein Bereich ist wechselnden Ausstellungen vorbehalten.

Das Eintrittsticket berechtigt zum Zugang ins nahe ==Trockendock==, wo Sie in die Bäuche eines ausrangierten Fischkutters und eines Schleppers steigen können – und das ist nicht nur für Kinder interessant! *Di–So 10–20 Uhr | Eintritt 5 Euro | Muelle Ramón de la Sota 1 | www.museomaritimobilbao.org | Metrostation San Mamés*

MUSEO VASCO   [U F4]

Das Baskische Museum steht im Zeichen der Prähistorie und Archäologie, der Geschichte und Volkskunde. Untergebracht ist das Museum in dem Barockbau eines einstigen Jesuitenkollegs, zu dem auch ein kleiner Kreuzgang gehört. Dort ist mit der Steinskulptur *Mikeldi* ein außergewöhnliches prähistorisches Grabmonument zu sehen. In der ständigen Sammlung nehmen Themen wie zum Beispiel Höhlen, Walfang und Glauben besonderen Raum ein. Regelmä-

ßige Wechselausstellungen ergänzen die Schauen. *Di–Sa 11–17, So 11–14 Uhr | Eintritt 3 Euro | Plaza Miguel Unamuno 4 | www.euskal-museoa.org | Metrostation Casco Viejo*

PARQUE DE DOÑA CASILDA
DE ITURRIZAR   [U B–C 1–2]

Ansehnlicher Stadtpark, der sich vom Kongress- und Messepalast Euskalduna bis zum Museo de Bellas Artes erstreckt. Es gibt reichlich Ruhebänkchen, einen zentralen Teich und Kinderspielgerät. *Metrostationen Moyúa und Indautxu*

PUENTE COLGANTE ⭐   [120 C2]

Um die Flusseinfahrt nicht für große Schiffe zu blockieren, „schweben" Fußgänger und Fahrzeuge mithilfe eines ausgeklügelten Transportsystems über den Río Nervión – und dies bereits seit Ende des 19. Jhs., was die Puente Colgante – seit 2006 Teil des Unesco-Weltkulturerbes – zur ältesten Schwebebrücke der Welt macht. Der gesamte Brückenbau ist ein Meisterwerk der Stahlbautechnik, errichtet 1890–93. Hier hängt die Sicherheit nicht am seidenen Fa-

> LAND DER NAMENSDOPPEL
Zwischen Spanisch und Baskisch

Euskadi – so wird das Baskenland auf Baskisch genannt, während es auf Spanisch *País Vasco* heißt. Die Zweisprachigkeit zieht sich wie ein roter Faden durch den (Reise-)Alltag, was umso komplizierter ist, da die eine Sprache kaum etwas mit der anderen verbindet. Strand heißt auf Baskisch *hondartza,* San Sebastián *Donostia,*

die Hauptstadt Vitoria *Gasteiz.* Namensparallelen sind bei Bilbao, baskisch *Bilbo,* und den drei Provinzen Guipúzcoa (*Gipuzkoa*), Vizcaya (*Bizkaia*), Álava (*Araba*) erkennbar. Den doppelsprachigen Ausdrücken trägt der vorliegende Band Rechnung und gibt dort, wo es sinnvoll erscheint, beide Bezeichnungen an.

den, sondern an Seilen und Türmen aus Stahl. Die Fahrt in den Passagierkabinen bringt Sie in Windeseile vom Vorort Las Arenas nach Portugalete und umgekehrt – doch größer noch ist das Erlebnis auf dem ⚜ vergitterten, 50 m hohen Fußgängergang *(pasarela)*, zu dem Sie im Panoramalift gelangen. In luftiger Höhe schaut man durch die Gitter unter den Füßen hinab auf die hängende Fracht, während man das Rollen der Stahlseile hört. Die Schwebebrücke ist rund um die Uhr in Betrieb, die *pasarela tgl. 10–20 Uhr (im Sommer 10–21 Uhr)* | *Lift und pasarela 5 Euro* | *www.puente-colgante.com* | *Metrostationen Portugalete und Areeta-Las Arenas, Renfe-Bahnhof Portugalete*

◼ ESSEN & TRINKEN

AMA LURRE [U C2]
Ein Paradies für anspruchsvolle Gaumen, die sich hier fangfrisches Meeresgetier schmecken lassen, und eine gute, in rustikalem Stil gehaltene Einkehrmöglichkeit in der Nähe des Museo de Bellas Artes. Freundlicher Service. *So geschl.* | *Calle Máximo Aguirre 1* | *Tel. 944 23 71 50* | *Metrostation Moyúa* | €€–€€€

CAFÉ IRUÑA ▶▶ [U E3]
Insider Tipp

1903 eröffnetes Kaffeehaus am grünen Platzrechteck der Jardines de Albia – eine echte Institution! Umgeben von einem neomaurischen Dekor, bekommt man hier nicht nur Kaffee, sondern auch reichlich Tapas und das Tagesmenü (Sa/So etwas teurer). Einen besonden Ruf genießen die marinierten Spießchen *(pinchos morunos)*. *Tgl.* | *Colón de Lar-*

reátegui 13 | *Tel. 944 23 70 21* | *Metrostation Abando* | €–€€

CAFÉ LA GRANJA ▶▶ [U E3]
Zählt ebenfalls zum kleinen Verbund der historischen Kaffeehäuser, die das alte Flair Bilbaos pflegen. Populärer Treff seit 1926, inklusive Häppchen und Tagesmenü. *So geschl.* | *Plaza Circular 3* | *Tel. 944 23 08 13* | *Metrostation Abando* | €

GOIZEKO KABI [U B2]
Moderner Klassiker, der verwöhnte Gaumen in elegantem Wohnzimmerambiente bedient. Gute Weinauswahl. Reservierung unbedingt empfohlen. *So geschl.* | *Particular de Estraunza 4* | *Tel. 944 41 50 04* | *Metrostation Indautxu* | €€€

GUGGENHEIM ▶▶ [U D1]
In das weltberühmte Museum integriert, zeichnet sich das Restaurant durch einen innovativen Touch aus. Di–So gibt es ein recht günstiges Mittagsmenü, sonst isst man deutlich teurer und aufwendiger zubereitet à la carte. *Mo geschl.* | *Avenida Abandoibarra 2* | *Tel. 944 23 93 33* | *Metrostation Moyúa* | €€–€€€

IRU ANAI [U F4]
Insider Tipp

Bodenständiges Altstadtrestaurant; günstiges Tagesmenü. Nahe der Plaza Unamuno in einer Kneipenzone gelegen, die stark von Einheimischen frequentiert wird. *So geschl.* | *Iturribide 10* | *Tel. 944 15 04 36* | *Metrostation Casco Viejo* | €

LASA [U D3]
Abwechslungsreiche Fisch- und Fleischgerichte, die sich mittags

gerne die Politiker des nahen Abgeordnetenhauses schmecken lassen. Im Vorbereich Tapas- und Kaffeetreff. *So geschl. | Calle de Diputación 3 | Tel. 944 24 01 03 | Metrostation Moyúa | €€*

ZORTZIKO [U E2]

Feinschmecker lassen sich mit einer ausgefeilten Kreativküche verwöhnen, hohes Niveau zu angemessenen Preisen. *So/Mo geschl. | Alameda de Mazarredo 17 | Tel. 944 23 97 43 | Metrostation Abando | €€€*

EINKAUFEN

Shoppingfreunde zieht es auf die Einkaufsmeile *Gran Vía de Don Diego López de Haro (Metrostationen Moyúa u. Abando | [U C–E 2–3]).* Hier finden sie das Großkaufhaus *Corte Inglés (n° 7–9)* und Boutiquen wie *Armand Basi (n° 28)* und *Max Mara (n° 56),* außerdem Designer-Juwelierwaren im *Atelier Glamour (n° 48).* Eine breite Auswahl an selbst hergestellten Schokoladenwaren gibt es seit 1850 bei *Chocolates St. Gerons,* allerdings nicht ganz preiswert *(Licenciado Poza 16 | Metrostationen Indautxu u. Moyúa | [U C3]).* Schuhe für sie und ihn findet man bei *Calzados La Palma (Calle del Correo 3 | Metrostation Casco Viejo | [U F4]).*

MERCADO DE LA RIBERA ★ [U F5]

Der Mercado de la Ribera, 1929 an den Ufern des Río Nervión eröffnet, zählt zu den schönsten und größten Markthallen in Nordspanien. Absolut sehenswert ist die Fischabteilung *(Di–Sa)* im unteren Bereich. Einen Stock höher gibt es an zahlreichen

Vermutlich geht's um Politik und Fußball: Männerrunde auf der Plaza Nueva

Ständen eine Riesenauswahl an Obst und Gemüse, auch Bauernbrote und getrocknete Paprika. Hier kann man sich außerordentlich ==günstig mit Würsten und Käse eindecken==. *Mo–Do 9–14 u. 16.30–19, Fr 8–14.30 u. 16.30–19.30, Sa 8–14.30 Uhr | Calle de la Ribera | Metrostation Casco Viejo, Euskotren-Bahnhof Atxuri*

Insider Tipp

BEGOÑA [U E3]

Zentrale Lage, zweckmäßige Pensionszimmer mit Bad und TV. Etwas geräumiger und teurer sind die Minisuiten. Gutes Preis-Leistungs-Verhältnis. *21 Zi. | Calle Amistad 2 | Tel. 944 23 01 34 | Fax 944 23 01 33 | www.actioturis.com | Metrostation Abando | €*

Elegant und gediegen: das von einer Glaskuppel überwölbte Foyer des Hotels Carlton

■ ÜBERNACHTEN

ALBERGUE BILBAO ▶▶ ⓦ [114 C3]

Gut ausgestattete Jugendherberge; Anbindung an die City mit dem Linienbus Nr. 58, zur Busstation und zur Metro geht es mit Linie 80. Es gibt Einzel-, Doppel-, Dreier-, Vierer- und Sechserzimmer. *142 Betten | Carretera Basurto-Kastrexana 70 | Tel. 944 27 00 54 | Fax 944 27 54 79 | http://albergue.bilbao.net (mit Formular für Online-Reservierungen) | €*

CARLTON ⓦ [U D3]

Altehrwürdiges Fünf-Sterne-Haus an einem der wichtigsten Plätze der Stadt. Mit Restaurant und Fitnessraum. *144 Zi. | Plaza Moyúa 2 | Tel. 944 16 22 00 | Fax 944 16 46 28 | www.hotelcarlton.es | Metrostation Moyúa | €€€*

CONDE DUQUE ⓦ [U E2]

Der Best-Western-Kette angeschlossen; drei Sterne, günstige Lage zwi-

> *www.marcopolo.de/baskenland-bilbao*

schen Rathaus und Guggenheim-Museum. 67 Zi. | *Paseo Campo de Volantín 22* | *Tel. 944 45 60 00* | *Fax 944 45 60 66* | *www.bestwesternhotelcondeduque.com* | *Metrostationen Moyúa und Abando* | €€

HESPERÍA ZUBIALDE 🔊 [U A2]

Gute Vier-Sterne-Adresse nahe dem Stadtpark und dem Musikpalast Euskalduna, wenige Gehminuten bis zur nächsten Metrostation. Hilfsbereites Personal, gutes Frühstücksbuffet. Wer mit dem Auto anreist, sollte sich angesichts der rundum knappen und gebührenpflichtigen Parkplätze für die hauseigene Garage entscheiden. *82 Zi.* | *Camino de la Ventosa 34* | *Tel. 944 00 81 00* | *Fax 944 00 81 10* | *www.hesperia.com* | *Metrostation San Mamés* | €€–€€€

RIPA [U E3]

In zentraler Citylage nahe dem Teatro Arriaga. Kein Luxus, dafür solide Hotelqualität (ein Stern). Auf Anfrage kostengünstiger Parkplatz. *16 Zi.* | *Calle Ripa 3* | *Tel. 944 23 96 77* | *Fax 944 23 18 16* | *www.hotel-ripa.com* | *Metrostationen Abando und Casco Viejo* | €

SAN MAMÉS 🔊 [U A3]

Ordentlich geführte Pension nahe dem Fußballstadion. Busbahnhof und Metrostation San Mamés liegen in günstiger Entfernung. *30 Zi.* | *Calle Don Luis Briñas 15* | *Tel. 944 41 79 00* | *Fax 944 41 85 62* | *www.sanmames.net* | €

■ FREIZEIT & SPORT ■

Radfahren in der Stadt gewinnt zunehmend an Gewicht, Bikeverleih bei *Alquimoto (Calle Anselma de Salces 9* [U F2] | *Tel. 944 01 25 63* | *www.alquimoto.com)*. Auf Initiative der Stadt stehen in einigen Unterkünften Räder zur Verfügung (Stunde 4 Euro, Tag 10 Euro, Vorlage des Personalausweises obligatorisch); an diesem Programm nehmen u.a. die Hotels Abando, Abba Parque, Hespería Zubialde, Petit Palace Arana, Vista Alegre und Zabalburu teil.

Gänzlich ==kostenfrei ist der Radverleih== von Ende Mai bis Anfang De- *Insider Tipp*

> LOW BUDGET

> Wer am internationalen Flughafen von Bilbao eintrifft, braucht kein teures Taxi (ca. 25 Euro) in die Stadt zu nehmen. Die Linienbusse Nummer 3247 ab/bis Airport fahren frühmorgens bis spätabends im Durchschnitt alle 20–30 Min. die *Plaza de Moyúa* und den *Busbahnhof* an und kosten 1,30 Euro/Person.

> In den Touristeninformationen ist der alle zwei Monate neu aufgelegte *Bilbao Guide* kostenlos erhältlich. Die Broschüre (auch auf Englisch) gibt einen guten Überblick über Öffnungszeiten, Ausstellungen, Restaurants, Kneipen etc.

> Mit der *BilbaoCard* lassen sich unbegrenzt öffentliche Transportmittel benutzen (Straßenbahn, Bilbobus-Stadtbusse, Metro in der Innenstadtzone). Außerdem erhält man preisreduzierte Eintrittstickets in diverse Museen, ebenso Ermäßigungen in ausgewählten Läden und Restaurants. Gültig: 1/2/3 Tage, Preis: 6/10/12 Euro. Erhältlich in den Touristenbüros.

zember an über zehn verschiedenen Punkten der Stadt, wobei dies an der Zentralstelle *(Bajos Teatro Arriaga | Plaza Arriaga s/n* [U F4] *| Tel. 946 56 49 05,* www.agenda21bilbao. net *| Metrostation Abando)* einen kleinen bürokratischen Akt erfordert (Formular, Dokumentvorlage). Die Ausleihdauer ist vorgegeben: Mo–Fr max. 5 Std., Sa/So max. 2,5 Std.

■ AM ABEND ■

In der Altstadt sind die ▶▶ *Siete Calles* [U E–F4] eine verlässliche Zone, die gerne von den Bilbaínos aufgesucht wird. Populär sind auch Cocktailbars wie *Azzurro (Calle Telesforo Aranzadi 1), J.M. (Calle Heliodoro de la Torre 4)* und *Bilbost (Plaza Pedro Eguillor 2)*. Nicht nur Bier, auch gelegentlich Livemusik gibt es im ▶▶ *Beer House (Avenida de Madariaga 2)*, Rock im *Crazy Horse (Avenida de las Universidades 5)*, Soul- und Jazzklänge im *Bullitt Groove Club (Calle de Dos de Mayo 3)*.

Auf ein paar Bier trifft man sich auch in der *Lord Donovan Tavern (Manuel Allende 21)*; ein Klassiker ist der *Pub Kiss (Elcano 29)*. Weitere beliebte Treffs sind die Discobar *Magic (Colón de Larreátegui 1)* und der *Cotton Club (Calle Gregorio de la Revilla 25)* mit Livemusik und DJs. ▶▶ Szenediscos sind *Congreso (Muelle de Uribitarte 4), Holiday (Avenida Madariaga 18)* und *Deusto* im Conjunto Vacío *(Muelle de la Merced 4)*.

Ein umfangreiches Kulturprogramm, darunter Konzerte (häufig mit dem hervorragenden *Sinfonieorchester Bilbao*), bietet der Musikpalast Euskalduna *(Tickets meist Mo–Sa 17–20 Uhr und an den Aufführungstagen im Regelfall auch 12–14 Uhr | Avenida Abandoibarra 4* [U C1] *| Tel. 944 03 50 00 |* www.euskalduna.net *| Metrostation San Mamés)*. Konzerte, Comedy und Ballett gibt es im *Teatro Arriaga (Tickets Sa–Di 11.30–14 u. 17–19, Mi–Fr 11.30–14 u. 17–20.30 Uhr | Plaza Arriaga 1* [U F4] *| Tel. 944 16 35 33 |* www.teatroarriaga.com *| Metrostation Abando)*.

Online-Verkauf von Theater- und Konzertkarten auch unter www.generaltickets.com

▶ MODERNE ARCHITEKTUR
Bilbao ist voller Werke namhafter Baumeister

Der Mut zur Veränderung und die Tatsache, dass Bilbao eine der reichsten und aufstrebendsten Städte Spaniens ist, erklärt die Vielzahl an Werken prominenter Architekten. Auf Frank O. Gehry geht der Geniestreich des Guggenheim-Museums zurück, auf Sir Norman Foster der topmoderne Rahmen der U-Bahn, auf Santiago Calatrava das Gebäude des internationalen Flughafens sowie die „weiße Brücke" Zubizuri. Ein weiteres Aushängeschild über den Ufern des Río Nervión ist der *Kongress- und Musikpalast Euskalduna* [U B1–2], der in seinem Auditorium eine exzellente Akustik und fast 2200 Besuchern Platz bietet – hier hat das spanische Architektendoppel Federico Soriano und Dolores Palacios hervorragende Arbeit geleistet.

BILBO (BILBAO)

schon haben Sie das knapp 25 km nördlich gelegene Städtchen *Plentzia* [114 C1] erreicht, das seinerseits mit der benachbarten Küstengemeinde

Tags und nachts ein lohnendes Ziel: die „Siete Calles" in der Altstadt

Weitere Büros an der *Plaza Arriaga (Bajos del Teatro Arriaga* [U F4]*)*, an der oberen Esplanade vor dem Guggenheim-Museum *(Avenida Abandoibarra 2* [U D1]*)* sowie am internationalen Flughafen – ein kleines Büro in der Ankunfthalle, ein größeres und zuverlässiger geöffnetes im *Abflugterminal* | *Tel. 944 71 03 01.*

■ ZIELE IN DER UMGEBUNG ■
STRÄNDE

Mit der Metro oder höchstens ein halbes Stündchen mit dem Auto – freie Fahrt vorausgesetzt –, und

Gorliz verschmolzen ist. Hier erwartet Sie eine muschelförmig geschwungene Bucht mit Sandstrand und großen Liegeflächen. Die Gegend steht auch ==bei Surfern hoch im Kurs.== Noch näher an Bilbao liegen die zur Gemeinde *Sopelana* [114 C2] gehörigen Strände *Barinatxe* und *Atxabiribil,* beide um 800 m lang.

Auskunft: *Plentzia (Kale Barria 2* | *Tel. 946 77 55 41* | *www.plentzia. org); Gorliz (Plaza Iberebarri 4* | *Tel. 946 77 43 48* | *www.gorliz.net); Sopelana (Sabino Arana 1* | *Tel. 944 06 55 19* | *www.sopelana.net)*

Insider Tipp

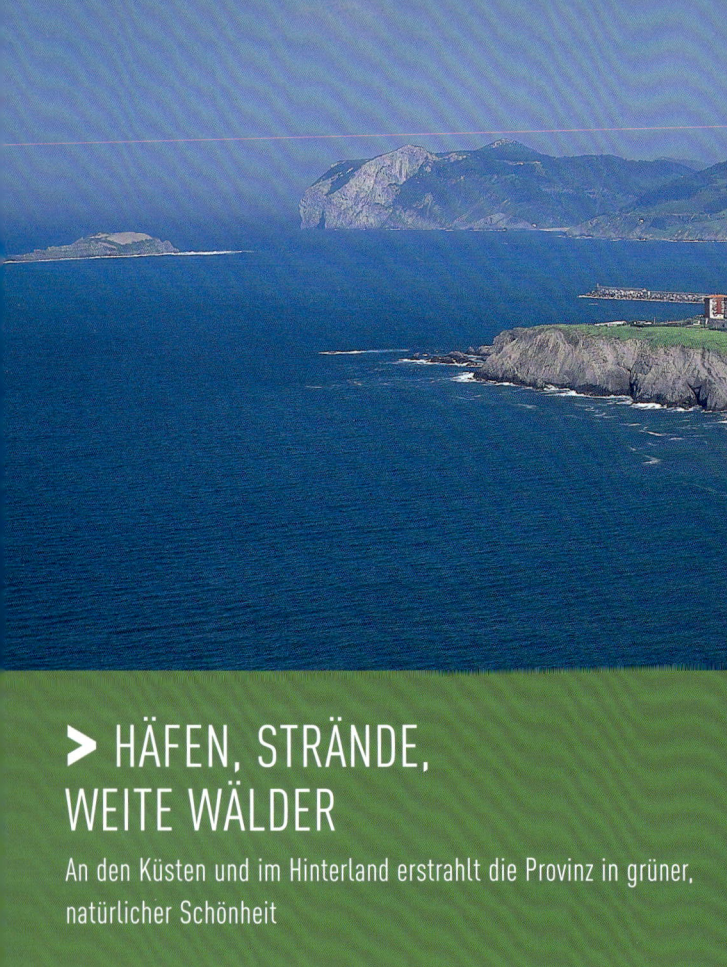

> HÄFEN, STRÄNDE, WEITE WÄLDER

An den Küsten und im Hinterland erstrahlt die Provinz in grüner, natürlicher Schönheit

> **In Häfen wie *Lekeitio* und *Bermeo* riecht es nach Meer und Fisch und Knochenarbeit, doch Fangflotten und Bestände sind geschrumpft. Kein Wunder, dass man sich vielversprechenderen Jobs zuwendet – vor allem in der Hauptstadt Bilbao, aber auch im Tourismus.**

Hat doch der Küstenstrich der 2200 km^2 großen Provinz Vizcaya reizvolle Ziele zu bieten: Strände, urige Orte und wildromantische Landschaften mit Klippen und Felseninseln. Der Meeresarm von Mundaka setzt den markantesten Einschnitt und steht als Unesco-Biosphärenreservat Urdaibai unter Schutz. Im Hinterland liegen dichte Waldgebiete und das geschichtsträchtige Guernica, die „heilige Stadt der Basken".

BAKIO

[115 D1] Die schöne Meereslage und der knapp 1 km lange Sandstrand sind der al-

Bild: Bermeo

BIZKAIA (VIZCAYA)

lerbeste Grund, den 2000-Ew.-Ort zum Stützpunkt zu machen. Highlife und herausragende Monumente sucht man vergebens. Surfer und Ruhesuchende kommen gerne hierher; die kleine Promenade lädt zu entspannten Spaziergängen ein.

■ ESSEN & TRINKEN ■

LA BAKIENSE

Strandnahes Restaurant mit nettem Speisesaal und Terrasse. Zu den Spezialitäten zählen das Mega-Rindskotelett *(chuletón)* und Steinbutt *(rodaballo)*; auch Tagesmenü. *Im Sommer Di geschl. | Sanpelaioko Bide Nagusia 35 | Tel. 946 19 42 32 | €–€€*

■ ÜBERNACHTEN ■

AGROTURISMO BISALDE

Insider Tipp

Dieses rustikale Landhaus, etwa 1 km vom Ortskern entfernt, bietet drei Apartments für je 2–4 Personen. Gut für Familien und generell für

BAKIO

Ein ganz besonderes Regionalparlament: die Casa de Juntas in Gernika

Selbstversorger. *Zubiaurrealde 39-A | Tel. 946 46 08 06 | Fax 946 19 30 19 | www.nekatur.net/bisalde | €€*

ARIMUNE

Diese Pension wird als Familienbetrieb in dritter Generation geführt. Freundlich, mit angeschlossenem Restaurant. *Mitte Dez.–Feb. geschl. | 12 Zi. | Plaza Bentako 1 | Tel. 946 19 40 22 | Fax 946 19 30 43 | €€*

■ AUSKUNFT ■

Plaza Agirre Lehendakaria 3 | Tel. 946 19 33 95 | www.bakio.org

■ ZIELE IN DER UMGEBUNG ■

BERMEO   [115 D–E1]

Das 14 km östlich gelegene Städtchen (18 000 Ew.) lässt Sie ausgiebig Hafenluft schnuppern; rund um Hafen und Hauptplatz finden Sie einige Terrassenbars. In der *Casa-Torre de Ercilla,* einem wuchtigen Turmhaus, ist das *Fischermuseum (Museo del Pescador* | **Eintritt frei** | *Di–Sa 10–13.30 u. 16–19.30, So 10–13.30 Uhr)* untergebracht. *Auskunft: Lamera s/n*

Insider Tipp

| Tel. 946 17 91 54 | www.bermeokou dala.net

MUNDAKA   [115 E2]

Ein kleiner Ort (2000 Ew.) mit lauschigem Hafenbecken und Promenaden, die ▲ hinter der Kirche herrliche Ausblicke auf den Meeresarm erlauben. Mundaka ist beliebt bei Surfern. Camper finden einen schönen Platz mit *Camping Portuondo (Feb.–Mitte Dez. | Tel. 946 87 77 01 | Fax 946 87 78 28 | www.campingpor tuondo.com).* Mundaka liegt 17 km östlich von Bakio und ist als Ausflugsziel gut kombinierbar mit Bermeo und San Juan de Gatzelugatxe.

SAN JUAN DE
GATZELUGATXE ★ ▲   [115 D1]

Schwer atmend geht es 231 Steinstufen zur bedeutendsten baskischen Seefahrerkapelle hinauf, Ausblicke und Eindrücke sind überwältigend. Die seit dem Mittelalter dokumentierte Kapelle ist zwar meist geschlossen, doch hier ist der Weg das Ziel. Felsnasen ragen rundherum aus dem Atlantik, in der Tiefe des vorgelagerten Massivs rollen die Wellen durch natürliche Bögen. Von den Aussichtsterrassen um das kleine Gotteshaus schweift der Blick an den wilden Klippen entlang bis zur Bucht von Bakio und zum leuchtturmbesetzten Kap Matxitxako. *Rund 5 km nordöstlich; leicht zu übersehender Abzweig von der Hauptstraße Bakio–Bermeo abwärts. Endpunkt ist ein Parkplatz, ab dort geht es zum Treppenzugang.*

GERNIKA (GUERNICA)

[115 E2] *Ciudad de la paz,* „**Stadt des Friedens" nennt sich Gernika und setzt mit seinem Beinamen nach den verhängnisvollen Bombardements von 1937 ein deutliches Zeichen gegen Krieg und Gewalt.** Gernika (16000 Ew.; auch Gernika-Lumo) trägt als weiteren Namenszusatz „Heilige Stadt der Basken", da sich die Altvorderen hier einst unter einer großen Eiche versammelten und gemeinsam ihre Beschlüsse fällten; selbst die Herren über Vizcaya und Könige von Kastilien sollen unter der Eiche ihren Eid auf die Wahrung von Sonderrechten abgelegt ha-

ben. Insofern ist die Eiche – und damit Gernika selbst – ein Symbol für den baskischen Freiheitsgedanken.

◼ SEHENSWERTES

MUSEO DE LA PAZ
Friedensmuseum mit wechselnden Ausstellungen, bei denen nicht zuletzt der Spanische Bürgerkrieg thematisiert wird. *Juli/Aug. Di–Sa 10–20, So 10–15 Uhr; Sept.–Juni Di–Sa 10–14 u. 16–19, So 10–14 Uhr | Foru Plaza 1 | www.museodelapaz.org*

MUSEO EUSKAL HERRIA
Das „Museum des Baskenlandes" ist in einem Barockpalais untergebracht und zeigt historische Dokumente, Gemälde und aufschlussreiche Schautafeln (u. a. zur Emigration der Basken). Die volkskundliche Abteilung im oberen Bereich ist das Interessanteste für auswärtige Besucher – hier können sie sich ==Kopfhörer aufsetzen== **Insider Tipp** und lauschen, wie typisch baskische Musikinstrumente klingen. *Di–Sa 10–14 u. 16–19, So 11–15 Uhr | Allendesalazar 5 | www.bizkaia.net/ kultura/museos/euskalherria*

PARQUE DE LOS PUEBLOS DE EUROPA
Kleiner Stadtpark mit Bänkchen, Teich und einer Büste zu Ehren von

MARCO POLO HIGHLIGHTS

★ **Bosque Pintado**
Der einzigartige „Bemalte Wald" ist ein Werk des baskischen Künstlers Agustín Ibarrola (Seite 47)

★ **Lekeitio**
Pittoreskes Ortsbild mit einem Hafen, einer Felseninsel und zwei Stränden (Seite 48)

★ **Playa de Laga**
Strandtraum mit wuchtigen Felsnachbarn (Seite 49)

★ **San Juan de Gaztelugatxe**
Die wilde baskische Küste in Traumansichten (Seite 44)

Wilhelm Freiherr von Humboldt, dem „Freund des baskischen Volkes" – zu Beginn des 19. Jhs. bereiste und beschrieb der Bruder des berühmten Naturforschers Alexander von Humboldt die Gegend ausgiebig. Eine Brücke führt hinüber zu einer winzigen Grünanlage, aus der sich zwei bemerkenswerte Skulpturen von Henry Moore und Eduardo Chillida erheben.

ESSEN & TRINKEN

ARIEN
An einem netten Innenstadtplatz gelegen. Terrassenbereich, günstiges Tagesmenü, Tapas in der gleichnamigen Cafeteria nebenan. *Tgl. | Eriabarrena 2 | Tel. 946 25 85 51 | €*

CASTILLO DE ARTEAGA
Dieses 5 km nördlich gelegene Traumschlösschen ist von gepflegten Wiesen umgeben. Der feudale Rahmen dient zum einen als Hotel (€€€), zum anderen als Restaurant. Die Tafel ist gepflegt, die Küche kreativ. Meeresfrüchte stehen auf der Speisekarte ganz obenan. *So abends u. Mo abends geschl., | Gaztelubide 7 | Gautegiz-Arteaga | Tel. 946 27 04 40 | www.castillodearteaga.com | €€€*

ÜBERNACHTEN

AKELARRE
Pension in der Fußgängerzone, alle Zimmer mit Bad und TV, sauber und einfach. *17 Zi. | Barrenkale 5 | Tel. 946 27 01 97 | Fax 946 27 06 75 | www.hotelakelarre.com | €*

GERNIKA ♫
Solide Adresse an der Ausfahrt nach Bermeo, der Stadtkern ist dennoch problemlos zu Fuß zu erreichen. *40 Zi. | Carlos Gangoiti 17 | Tel. 946 25 03 50 | Fax 946 25 58 74 | www.hotel-gernika.com | €€*

KAIXI
Kleines Landhotel im Örtchen *Andra Mari* [115 D3], ca. 10 km südöstlich von Gernika. Die Zimmer sind großzügig und mit viel Liebe zum Detail eingerichtet, der Service ist aufmerksam und persönlich. Bar und *Restaurant (So abends u. Mo geschl. | €)* in unmittelbarer Nähe. Anfahrt über Muxika (Mugica), dort Abzweig in Richtung Morga, später weiterer

> TRAGIK UM GERNIKA
Der Luftangriff auf die heilige baskische Stadt

Zeitzeugen sprachen von einem strahlenden Tag, jenem 26. April des Jahres 1937. Dann verdunkelten fremde Flugzeuge den Himmel, Bombe um Bombe fiel. Innerhalb von drei Stunden fanden über 1600 Zivilisten den Tod. Dahinter steckte die hitlerdeutsche Legion Condor, die Gernika in Absprache mit der nationalistisch-faschistischen Heeresleitung unter General Francisco Franco dem Erdboden gleichmachte – ein erschütternder Markstein im Spanischen Bürgerkrieg 1936–39. Die Gräuel ruft Pablo Picassos großformatiges (349 x 777 cm) Gemälde „Guernica" höchst eindrücklich ins Gedächtnis, das noch 1937 entstand und im Museo Reina Sofía in Madrid zu sehen ist.

Kunst am Baum: bunt bemalte Kiefernstämme im Bosque Pintado

Abzweig in Richtung Larrabetzu. *9 Zi. | Andra Mari (Morga) | Tel. 946 27 07 40 | Fax 946 27 02 45 | www.katxi.com | €€*

■ AUSKUNFT
Artekalea 8 | Tel. 946 25 58 92 | Fax 946 25 32 12 | www.gernika-lumo.net

■ ZIELE IN DER UMGEBUNG

BOSQUE PINTADO ★ [115 E2]

Farbspiralen ringeln sich um die Baumstämme. Flächen und Formen leuchten in Rot, Gelb, Grün und Blau. Ein paar Kiefern weiter treten stilisierte Augen hervor – man fühlt sich regelrecht beobachtet! Mit seinem Bosque Pintado, dem „Bemalten Wald", ist dem zeitgenössischen baskischen Künstler Agustín Ibarrola ein großer Wurf gelungen, der Kunst und Natur auf besondere Weise vereint. Da der abgelegene Bosque Pintado jederzeit frei zugänglich und Ibarrola als Wortführer der Friedensbewegung gegen den Eta-Terrorismus hervorgetreten ist, hat sein Waldkunstwerk schon öfter Frevel hinnehmen müssen.

Um den 9 km nordöstlich von Gernika gelegenen Wald zu erreichen, stellen Sie Ihr Fahrzeug am besten auf dem Parkplatz der *Cuevas de Santimamiñe* ab. (Die Höhlen sind für die Öffentlichkeit geschlossen, mageren Ersatz bieten seit Neuestem 3-D-Multivisionsshows in einem Gebäude am vormaligen Zugangsbereich.) Etwa 200 m zurück an der Straße weist ein Schild zum 3 km entfernten Bosque Pintado; hier geht es durch Wald auf einer breiten Piste voran, die nur für geländegängige Fahrzeuge geeignet ist. Wenige Hundert Meter vor dem Ziel geht die Piste dann in einen schmalen, steilen Pfad über.

PLAYA DE LAIDA [115 E1]

Der längste und beste Strand an der Ría de Mundaka, verbunden mit sehenswerten Dünen. Parkplätze an der Durchgangsstraße; 15 km nördlich von Gernika.

Balkons stehen Butangasflaschen und Blumentöpfe, auf Spanngittern bläht sich die frisch gewaschene Wäsche im Wind. Möwengekreisch dringt von der unbewohnten Insel *Garraitz* herüber, die gegenüber dem

Im Hafen von Lekeitio liegen Fischkutter aller Größen – auch solche kleinen

LEKEITIO

[115 F2] ⭐ **Atlantik, Handel und Fischfang haben Lekeitio (8000 Ew.) von alters her ihren Stempel aufgedrückt.** Aus Furcht vor Feinden war das 1325 auf Betreiben der Gräfin María Díaz de Haro gegründete Küstenstädtchen an der Mündung des Río Lea einst stark befestigt. Heute hat es seinen Wehrcharakter weitgehend verloren und öffnet sich mit seinen beiden Stränden, dem Hafen, Tavernen und einer winzigen Altstadt für Besucher. Auf

Karraspio-Strand zum Greifen nah liegt. Auf der Landseite ist der Ort von Hängen und Wäldern umrahmt.

■ SEHENSWERTES

IGLESIA DE NUESTRA SEÑORA DE ASUNCIÓN

In der spätgotischen Kirche verdient das prächtige Hauptretabel vom Beginn des 16. Jhs. Beachtung. Vor dem Gotteshaus *(Mo–Sa 8–12 u. 17–19.30 Uhr)* liegt der Hauptplatz mit Musikpavillon und schattigen Bänkchen, gegenüber steht das Rathaus.

> *www.marcopolo.de/baskenland-bilbao*

BIZKAIA (VIZCAYA)

■ ESSEN & TRINKEN ■

GOITIKO

Im erweiterten Hafenbereich gelegenes Restaurant, das in erster Linie auf Meeresfrüchte setzt. Außerdem gibt es Tellergerichte und das Tagesmenü. *Mi geschl. | Foru enparantza s/n | Tel. 946 84 31 03 | €–€€*

TAPAS-BARS

Rund um den Hafen bieten einige Tavernen Terrassenplätze an sowie eine gute Häppchenauswahl, unter ihnen die Tapas-Bars *Marina (€)* und *Norai (€).*

■ ÜBERNACHTEN ■

AISIA ZITA 🔊

Drei-Sterne-Haus in günstiger Lage über dem Isuntza-Strand. Zum Hotel gehören ein Restaurant und eine ausgesprochen schöne Caféterrasse. Hauseigene Parkplätze. *42 Zi. | Santa Elena s/n | Tel. 946 84 26 55 | Fax 946 24 35 00 | www.aisiahoteles.com | €€*

ALBERGUE TRINKETE ETXEA

Im Jugendherbergsstil gehalten, Zimmer für 2–7 Personen, Gemeinschaftsbäder, günstig. Halb- oder Vollpension möglich. *56 Betten | Eusebio Maria de Azkue 5 | Tel. 902 54 04 50 | Fax 946 84 41 76 | www.suspergintza.net/instalaciones/trinkete | €*

■ STRÄNDE ■

An den Hafen schließt sich der Sandstrand *Isuntza* mit ausgewiesener Schwimmzone (in der Saison) an. Etwas länger ist der Sandstrand *Karraspio* auf der anderen Seite der Flussmündung.

■ AUSKUNFT ■

Independentziaren enparantza s/n | Tel. 946 84 40 17 | www.lekeitio.com

■ ZIEL IN DER UMGEBUNG ■

PLAYA DE LAGA ⭐   [115 E1]

Zwischen schroffen Felsmassiven breitet sich auf 600 m einer der schönsten Strände im Baskenland aus; während der Sommersaison gebührenpflichtiger Parkplatz. In der Ferne fällt der Blick auf die Felseninsel *Izaro.* Die Playa de Laga liegt rund 20 km nordwestlich von Lekeitio nahe dem Kap Ogoño; auf dem Weg lohnt sich ein Abstecher ins pittoreske Fischerdorf *Elantxobe.*

>LOW BUDGET

> KLEINE WELT VOLL GROSSER KONTRASTE

Strände, Häfen, Schlemmertempel und Kunstgenüsse lassen kaum Wünsche offen

> *Mar y montaña*, Meer und Berge – in der mit gerade mal 2000 km² kleinsten baskischen Provinz Guipúzcoa liegt alles zum Greifen nah. Die Hauptstadt *San Sebastián* gilt als Dame unter Spaniens Städten, unübertroffen an Chic und Eleganz.

Das „baskische Nizza" wurde einst vom Königshaus als Sommerfrische genutzt, außerdem gibt es in der Altstadt von San Sebastián die besten Tapas landesweit. Und rundherum überraschen Spitzenköche mit immer neuen kulinarischen Raffinessen. In Küstengemeinden wie Zumaia und Getaria hat sich der maritime Charakter erhalten; in Getaria wirft der Wal im Wappen ein Licht auf die Vorväter, die einst monatelang zum Walfang unterwegs waren. Die beiden Strandstädtchen Zarautz und Hondarribia liegen in der Urlaubergunst obenan und zeigen sich bestens auf die Besucherströme eingestellt. Wer mit dem eigenen Fahrzeug an

Bild: San Sebastián, Uferpromenade

GIPUZKOA (GUIPÚZCOA)

der Küste unterwegs ist, kommt
 um Getaria und Hondarribia sowie zwischen Zumaia und Deba in
den Genuss besonders schöner An-
und Aussichten. Ein paar Kilometer
landeinwärts sieht es dann ganz anders aus. Da ragen bizarre Felsmas-
sive auf, plätschern Bachläufe, wu-
chern Farn und Fingerhut. Und die
sattgrünen Täler sind mit Wiesen,
Weiden und den typischen trutzigen
Landhäusern gefüllt.

DONOSTIA (SAN SEBASTIÁN)

**KARTE
AUF SEITE 54**

[117 D2] ★ Es geschah gegen Ende des
19. Jhs., dass sich das spanische Königshaus San Sebastián (180 000 Ew.) zum
Sommersitz erwählte – und der Adel
strömte in Scharen hinterher. An die
Strände, ins Kasino (das spätere Rat-

DONOSTIA (SAN SEBASTIÁN)

haus), in Hotels und Gourmettempel, ins Theater Victoria Eugenia, an die Fluss- und Meerespromenaden. Jene Epoche gab der einstigen Fischersiedlung einen unnachahmlich eleganten und elitären Anstrich, der sich bis heute erhalten hat. Die Provinzhauptstadt an der „Muschelbucht" *Bahía de la Concha* zählt zu den

selbst aus Hollywood zum internationalen Filmfestival an.

◼ SEHENSWERTES ◼

ALTSTADT

Das stimmungsvolle historische Viertel liegt rund um die *Plaza de la Constitución,* an der nummerierte Logen an die einstmals hier abgehal-

Zentrum der Altstadt: die Plaza de la Constitución mit ihren Arkaden

schönsten, teuersten und lebensqualitativ hochwertigsten Orten in ganz Spanien. Hinzu kommen einige Besonderheiten: drei Berge (Ulía, Igeldo, Urgull), der Sport- und Fischerhafen, Promenaden und preisgekrönte Spitzenrestaurants, Parks wie die *Jardines de Aiete* und die Gärten des *Palacio de Miramar.* Ein Hochgenuss: die Menge der Tapas-Bars in der Altstadt! Und: Alljährlich im September rücken Leinwandstars

tenen Stierkämpfe erinnern. Rundherum liegen erstklassige Tapas-Kneipen. Die barocke Kirche *Santa María* stößt unmittelbar an den Monte Urgull, die Kirche *San Vicente* (16. Jh.) ist einem Märtyrer, dem hl. Vinzenz geweiht.

KUTXAESPACIO DE LA CIENCIA

Interaktives Wissenschaftsmuseum, das mit Themen wie Mechanik, Licht und Energie einen breiten Rahmen

> *www.marcopolo.de/baskenland-bilbao*

GIPUZKOA (GUIPÙZCOA)

absteckt. Gesonderter Eintritt ins Planetarium. *Di–Fr 10–19, Sa/So 11–19 Uhr (im Sommer jew. bis 20 Uhr) | Mikeletegi Pasealekua 43 | www.miramon.org*

MONTE IGELDO (IGUELDO) ⭐ 🌿
San Sebastiáns westlicher Aussichtsberg (200 m) ist entweder mit dem Auto erreichbar (gebührenpflichtige Zufahrt) oder per Zahnradbahn *(funicular)*. Die Panoramaplateaus erlauben Traumblicke über die Stadt und die Muschelbucht. Die stark wechselnden Betriebszeiten der *funicular* sind unter *www.monteigueldo.es* aufgeführt und nicht zuletzt der Witterung unterworfen: *Im Regelfall im Sommer tgl. 10–21 Uhr (Aug. 10–22 Uhr), Mitte März bis Anfang Okt. tgl. 11–20 Uhr, in den Wintermonaten tgl. 11–18 Uhr (Jan. weitgehend geschl.)*

MONTE URGULL 🌿
Ein ausgedehntes Wegenetz spannt sich über diesen 120 m hohen Gipfel, der sich über dem historischen Viertel erhebt. Ziele sind der Engländerfriedhof, die Festungsreste des mittelalterlichen Castillo de Santa Cruz de la Mota sowie die moderne Christusstatue. Je höher Sie kommen, desto schöner sind die Ausblicke. *Insider Tipp*

MUSEO DE SAN TELMO
Kunst- und Volkskundemuseum in einem einstigen Dominikanerkloster. Das Museum wird bis mindestens Anfang 2010 renoviert und soll als *Museo de la Memoria* neu eröffnet werden. *Plaza de Zuloaga 1 | www.museosantelmo.com*

■ ESSEN & TRINKEN ■
BARBARÍN
Typisches Altstadt-Restaurant in der Nähe des Hafens. Hier geben zwar Fisch und Meeresfrüchte den Geschmackston an, doch es gibt auch schmackhafte Fleisch- und Reisgerichte. *Mo abends u. So geschl. | Puerto 21-A | Tel. 943 42 18 86 | €€*

MARCO POLO HIGHLIGHTS

⭐ **Museo Chillida-Leku**
Werkschau des Bildhauers Eduardo Chillida (Seite 57)

⭐ **Jaizkibel**
Küstenmassiv mit Bergheiligtum und Panorama (Seite 60)

⭐ **Tapas-Bars**
Theken voller kleiner kulinarischer Kunstwerke (Seite 54)

⭐ **Museo Ignacio Zuloaga**
Kleinod eines Malers und Kunstsammlers (Seite 67)

⭐ **„Heiliges Haus"**
In Loiola auf der Spur des Ignatius von Loyola (Seite 65)

⭐ **Monte Igeldo (Igueldo)**
Der aufregendste Blick über San Sebastián (Seite 53)

⭐ **Strand von Zarautz**
Sandige Augenweide mit Promenade (Seite 63)

⭐ **Donostia (San Sebastián)**
Die stilvolle Schönheit an der Muschelbucht (Seite 51)

DONOSTIA (SAN SEBASTIÁN)

Castillo de la Mota
Monte Urgull
Museo de San Telmo
Plaza Zuloaga
Playa de la Zurriola
Palacio de Congresos "Centro Kursaal"
Basílica de Santa María
San Vicente
PARTE VIEJA
Plaza Constitución
Calle Euskal Herria
Calle 31 de Agosto
Paseo de la Salamanca
Río
Avenida Zurriola
Paseo Muelle
Puerto Pesquero
Paseo Mollaberria
Plaza Kaimingaintxo
Calle Fermín Calbetón
Mercado Central
Plaza Sarriegi
Puente de la Zurriola
Paseo República Argentina
C. Peña y Goñi
Usandizag
Paseo Molla
Puerto Deportivo
Plaza Lasala
Calle Embeltrán
Boulevard
Alameda del Boulevard
Teatro Victoria Eugenia
Urumea
Calle Ramón Ma
Tribunal Eclesiástico
Plaza Lasta
Calle Zumardia
Jardines de Oquendo
Ayuntamiento
Calle Hernani
Calle Boulevard
Calle Peñaflorida
Calle Elcano
Calle Garibay
Calle Bengoetxea
Calle Oquendo
Camino
Puente de Sta. Catalina
Plaza Euskadi
Parque de Alderdi-Eder
Palacio de la Diputación
Plaza Gipuzkoa
Padres Capuchinos
Plaza de España
Bahía de la Concha
Calle Andia
Los Jesuitas
Calle Idiaquez
Calle Easo
Calle libertad
Calle Echaide
Calle Fueros
Playa de la Concha
Plaza Cervantes
Calle
Avenida
de la
Calle Urbieta
Marcial
CENTRO
Paseo de los
Estación Central de RENFE
200m
Plaza Xabier Zubiri
Calle Loiola
Plaza Bilbao
Martín
Plaza de
C. Valentín Olano
Puente de María Cristina
Paseo Árbol de Gernika
Donostia San Sebastián
Plaza Zaragoza
Calle Alfonso VIII
Plaza Buen Pastor
Catedral del Buen Pastor
Palacio de Justicia
Calle de San Bartolomé
C. Urdaneta

KURSAAL

Cafeteria mit Bar und Terrasse neben dem Kongresszentrum, eine gute Adresse für das Mittagsmenü. Gleich nebenan führt ein separater Eingang ins gleichnamige Restaurant, das wesentlich teurer ist (€€€) und zur Firmengruppe von Küchenchef Martín Berasategui gehört. *So abends, Mo, Di abends geschl. | Avenida Zurriola 1 | Tel. 943 00 31 62 | www.restaurantekursaal.com | €€*

TAPAS-BARS

Im Tapas-Paradies San Sebastián führt der Weg unweigerlich in die Altstadt, wo eine riesige Auswahl wartet: z. B. *Ganbara (Calle San Je-*rónimo 21), Munto (Calle Fermín Calbetón 17)* sowie *La Cepa (Calle 31 de Agosto 9)* und *Casa Gandarias (Calle 31 de Agosto 25). Alle €*

ZURRIOLA MARÍTIMO

Der große Pluspunkt ist die herrliche Fensterfront zum Zurriola-Strand hin. Mittagsmenüs, Seitenterrasse für den Kaffee und drinnen eine gute Tapas-Auswahl an der Bar, auch belegte Brote. In den späten Abendstunden wechselt das Zurriola Marítimo Gesicht und Ambiente – dann wird bis 6 Uhr morgens die ▶▶ Disco geöffnet. *Im Sommer tgl., sonst Mo geschl. | Paseo de la Zurriola 41 | Tel. 943 29 78 53 | €€*

> **www.marcopolo.de/baskenland-bilbao**

GIPUZKOA (GUIPÙZCOA)

◼ EINKAUFEN ◼

Gepflegte Shoppingzonen zwischen der Alameda del Bulevard und der Plaza del Buen Pastor, u.a. in den Straßen *Gardibai, Fuenterrabia* und *Loiola.* Aus den Markthallen *La Bretxa (Alameda del Bulevard)* wurde ein kleines Einkaufszentrum mit dem Schwerpunkt auf Boutiquen.

◼ ÜBERNACHTEN ◼

ABBA DE LONDRES Y DE INGLATERRA 🔊

Herrlich plüschig und altmodisch, in Vorzugslage an der Promenade hinter der Muschelbucht. Wenn Sie schon mal hier in eine luxuriöse Übernachtung investieren, dann buchen Sie unbedingt ein ❄ Zimmer mit Blick zur Bahía de la Concha. *148 Zi. | Calle Zubieta 2 | Tel. 943 44 07 70 | Fax 943 44 04 91 | www.hlondres. com | €€€*

ALBERGUE ONDARRETA LA SIRENA ▶▶

Jugendherberge nahe dem Strand von Ondarreta. Am besten so früh wie möglich reservieren. *96 Betten | Paseo Igeldo 25 | Tel. 943 31 02 68 | Fax 943 21 40 90 | www.donostia. org/info/visitante/albergues.nsf | €*

CAMPING IGUELDO

Eine der preisgünstigsten Möglichkeiten, in San Sebastián unterzukommen, allerdings recht weit außerhalb (5 km; Busservice zum Zentrum). Der Campingplatz hat ganzjährig geöffnet und eine Kapazität für etwa 750 Leute. Wer zu mehreren Leuten unterwegs ist und nicht im Zelt übernachten will, kann sich einen Bungalow mieten (2–5 Plätze). *Paseo Padre Orkolaga 69 | Barrio Igeldo | Tel. 943 21 45 02 | Fax 943 28 04 11 | www.campingigueldo.com*

Verführerische Vielfalt: Tapas sind Fast Food von allerbester Qualität

MARÍA CRISTINA 🔊 ▶▶

Städtisches Vorzeigehaus, das sein altes, herrschaftliches Flair kultiviert. Hier steigen häufig Prominente ab, hier bezahlt man die höchsten Übernachtungspreise in ganz San Sebastián. Fünf Sterne, gute Lage nahe der Flussmündung des Urumea. *135 Zi. | Paseo República Argentina 4 | Tel. 943 43 76 00 | Fax 943 43 76 76 | www.starwoodhotels.com | €€€*

MONTE ULÍA 🔊

Einfaches Hotel an der östlichen Einfallstraße aus Richtung Frankreich. Günstig für Autofahrer: hauseigener Parkplatz. Mit Restaurant. *46 Zi. | Avenida Alcalde Jose Elosegi 21 | Tel. 943 32 67 67 | Fax 943 32 64 00 | www.hotelmonteulia.com | €€*

PARMA 🔊

Für dieses Zwei-Sterne-Hotel spricht u. a. seine zentrale Lage: Altstadt und Zurriola-Strand sind zu Fuß erreichbar. Schnörkellose Einrichtung. *27 Zi. | Paseo de Salamanca 10 | Tel. 943 42 88 93 | Fax 943 42 40 82 | www.hotelparma.com | €€*

■ FREIZEIT & SPORT ■

San Sebastián zählt zu den wenigen spanischen Städten mit guten Radwegen; Fahrradverleih bei *Bici Rent Donosti (Avenida de la Zurriola 22 | Tel. 639 01 60 13)* und *Bicicletas Alai (Avenida de Madrid 24 | Tel. 943 47 00 01)*. Schlittschuhlaufen ist im „Eispalast" *Palacio del Hielo Txuri-Urdin* möglich *(Paseo de Anoeta 24 | www.eltxuri.com | nur im Winter)*. Wellnessfreunde zieht es ins Thalasso- und Sportzentrum *La Perla (Paseo de la Concha s/n | Tel. 943 45 88 56 | www.la-perla.net)*.

STADTRUNDFAHRTEN

Citytrips im Bus bietet *Turístico Donosti Tour (www.busturistikoa.com)* an, Infos zu Verkehrszeiten und Haltestellen im *Tourismusbüro (Alameda del Boulevard 8)*.

Zwischen Anfang Juni und Ende September pendeln Boote zwischen dem Sporthafen und der inmitten der Muschelbucht gelegenen *Isla Santa Clara*; im Regelfall täglich 10–20 Uhr: ein guter, erschwinglicher Ausflug auch für Familien mit Kindern. ᴵⁿ T

❯ ARCHITEKTUR & SKULPTUR
Die Moderne in San Sebastián

„Türme von Moneo" hat der Volksmund den Kongress- und Musikpalast *Kursaal* genannt, der sich hinter dem Strand von Zurriola und der Flussmündung des Urumea erhebt – ein Werk von Spaniens zeitgenössischem Stararchitekten Rafael Moneo. Der baskische Bildhauer Eduardo Chillida (1924–2002) ist mit seinen „Windkamm"-Skulpturen zu Füßen des Monte Igeldo vertreten, sein Zeitge-

nosse Federico Coullaut-Valera (1912 bis 1989) mit dem 29 m hohen Christusmonument auf dem Monte Urgull. Auf Jorge Oteiza (1908–2003) gehen die „Leere Konstruktion" am Paseo Nuevo und „Das Erbarmen" an der Kirche San Vicente zurück, auf den 1930 geborenen Agustín Ibarrola „Die Silhouetten" auf der Plaza Gabriel Celaya.

GIPUZKOA (GUIPÙZCOA)

■ STRÄNDE ■

An der Küstenlinie finden Sie drei städtische Sandstrände: zwischen den Hügeln Ulía und Urgull die *Playa de Zurriola,* zwischen den Hü-

riola 1 | Tel. 943 00 12 00 | *www.fundacionkursaal.com),* gelegentlich Klassikkonzerte in der *Catedral del Buen Pastor,* Livejazz häufig im *Altxerri (Calle Reina Regente 2).* In der

Playa de la Concha: San Sebastiáns Hausstrand ist stets gut besucht

geln Urgull und Igeldo an der Muschelbucht die *Playa de la Concha* und die *Playa de Ondarreta.* Die ca. 800 m breite Playa de Zurriola ist beliebt bei Surfern und Beachvolleyballern und wird – im Gegensatz zu den Stränden an der Muschelbucht – bei Flut nicht so sehr überschwemmt.

■ AM ABEND ■

Junges Publikum findet sich in den ▶▶ Kneipen- und Tapas-Treffs der Altstadt, u. a. in den Gassen *San Jerónimo, Fermín Calbetón* und *31 de Agosto.* Konzerte jedweder Art im Auditorium *Kursaal (Avenida Zur-*

Reihe der beliebtesten Discos steht die ▶▶ *Discoteca La Kabutzia del Náutico (Paseo de la Concha s/n | Edificio del Rel Club Náutico | www.lakabutzia.com)* ganz oben. Auf einen Drink trifft man sich gerne im *Argia (Calle Pescadería 3).*

■ AUSKUNFT ■

Alameda del Boulevard 8 | Tel. 943 48 11 66 | www.donostia.org

■ ZIEL IN DER UMGEBUNG ■

MUSEO CHILLIDA-LEKU ★   [117 D3]

Rund 10 km südlich, bei Hernani, erfüllte sich der international bekannte

HONDARRIBIA

Eduardo Chillida im Sommer 2000 auf dem
Gelände seines Museums

Bildhauer Eduardo Chillida (1924–
2002) noch zu Lebzeiten seinen
Traum von einer umfassenden Werkschau. Über ein weitläufiges Wald-
und Wiesenareal verteilte er mehr als
drei Dutzend seiner Werke aus den
verschiedensten Materialien wie Me-
tall, Granit und Alabaster – ein ein-
zigartiges Freilichtmuseum und eine
treffliche Verbindung von Kunst und
Natur. Das mit 9 m größte Exponat
heißt „Das Licht suchend" *(Bus-
cando la Luz)*, die Skulptur „Verbindung" *(Lotura)* wiegt annähernd 60 t.
Ins künstlerische Ganze einbezogen
ist das umgestaltete Bauernhaus *Za-
balaga*, das Raum gibt für kleiner di-
mensionierte Arbeiten Chillidas.
*Juli/Aug. Mo–Sa 10.30–20, So 10.30–
15 Uhr, Sept.–Juni Mi–Mo 10.30–15
Uhr | Barrio Jáuregui 66 | Hernani |
Eintritt 8,50 Euro, zusätzlich 4 Euro*

*für einen Audioguide auf Deutsch |
www.museochillidaleku.com*

HONDARRIBIA

**[117 E2] Das weit auseinandergezogene
Städtchen (15 000 Ew.) zeigt sich mit
Sandstrand, Sporthafen, Altstadt und
Flusspromenaden so vielgesichtig wie die
umliegende Landschaft.** Das Küstenmassiv *Jaizkibel*, das leuchtturmbe-
setzte *Kap Higuera*, die Bucht von
Txingudi und der spanisch-französi-
schen Grenzfluss *Bidasoa (Bidassoa)*
prägen die Gegend. Von alters her
verdankt Hondarribia seine Bedeutung der strategischen Grenzlage,
1203 erhielt die schon lange vorher
befestigte Siedlung ihr Stadtrecht.
Heute verbringt die baskische und
madrilenische Geldelite hier liebend
gerne die Sommer – was die Hotel-
und Immobilienpreise belegen. Bo-
denständiger geht es in den traditionellen Tapas-Zonen und rund um den
Fischerhafen zu. Die farbigen Anstri-
che der Häuser im alten Fischerviertel *La Marina* spiegeln die Lebens-
freude der Einheimischen wider, am
Ortsrand liegt der Flughafen von San
Sebastián.

■ SEHENSWERTES

ALTSTADT

Das historische Viertel zählt zu den
charmantesten im gesamten Baskenland und steht unter Denkmalschutz.
Es erstreckt sich über einen mauer-
umzogenen Hügel, aus dem die klo-
bige *Burg*, die ihren Ursprung im
10. Jh. hat und heute ein Hotel beherbergt, und die Kirche *Nuestra Señora
de la Asunción* aus dem 15. Jh. aufra-
gen. Freundliche Plätze sind die

GIPUZKOA (GUIPÙZCOA)

Plaza de Armas und die *Plaza de Gipuzkoa.*

■ ESSEN & TRINKEN

ALAMEDA

Gourmetrestaurant unterhalb der Altstadt. Hier mischt ein jungesTeam um Gorka und Kepa Txapartegi Tradition und Moderne; der Schwerpunkt liegt auf Meeresfrüchten. Reservieren! *So abends u. Mo geschl.* | *Minasoroeta 1* | *Tel. 943 64 27 89* | *www.restalameda.com* | €€€

TAPAS-BARS

Die besten Tapas-Bars finden Sie im Fischerviertel *La Marina,* auf Baskisch als *Portu* bekannt. Reiche Häppchenauswahl u.a. in den Bars *Gran Sol, Ignacio* und *Yola Berri* (€). Die ▶▶ Kneipenzone ist auch angesagter Treffpunkt junger Leute.

■ ÜBERNACHTEN

CAMPING JAIZKIBEL

Einfacher Platz an der Straße Richtung Bergheiligtum Guadalupe, ganzjährig geöffnet. Es stehen auch Bungalows für bis zu sechs Personen zur Verfügung. *Carretera Guadalupe* | *Tel. 943 64 16 79* | *Fax 943 64 26 53* | *www.campingjaizkibel.com* | €

PALACETE 🔊

Freundliches Altstadthotel in einem kleinen historischen Palais, daher der Name. Ein Stern. *9 Zi.* | *Plaza de Gipuzkoa 5* | *Tel. 943 64 08 13* | *Fax 943 64 62 69* | *www.hotelpalacete.net* | €€

RÍO BIDASOA 🔊

Komfortables, nettes Vier-Sterne-Haus mit eigenem Parkplatz und Sommerpool. Deutlich günstiger

Balkongeschmückte Häuser an der Plaza de Armas in Hondarribias Altstadt

HONDARRIBIA

Wallfahrtsziel im Jaizkibel: die schwarze Madonna von Guadalupe

sind die Tarife in der Nebensaison. *44 Zi. | Nafarroa Behera 1 | Tel. 943 64 54 08 | Fax 943 64 51 70 | www.hotelriobidasoa.com | €€€*

STRAND

Der sandige Hauptstrand ist ca. 500 m lang, genauso breit und zum Baden geeignet; die dahinter liegenden Großparkplätze (gebührenpflichtig) zeigen, dass man auf den sommerlichen Ansturm gut vorbereitet ist.

AUSKUNFT

Javier Ugarte 6 | Tel. 943 64 54 58 | www.bidasoaturismo.com

ZIELE IN DER UMGEBUNG

AIAKO HARRIA [117 D–E 2–3]

Knapp 70 km² großer Naturpark im Küstenhinterland, der von den beiden Gipfeln Irumugarrieta (806 m) und Txurrumurru (821 m) beherrscht wird. Geübte Wanderer nehmen das Granitmassiv östlich von Oiartzun, 10 km südwestlich von Hondarribia, in Angriff. Auskunft im Tourismusbüro in *Oiartzun (Donibane s/n | Tel. 943 49 45 21 | www.oarsoaldea-turismo.net)*.

HENDAYE [117 E2]

Regelmäßige Bootsverbindungen und ein knapp 3 km langer Sandstrand sind schlagkräftige Argumente für einen Abstecher über den Bidasoa nach Frankreich. Im ausgedehnten Hendaye (15 000 Ew.) fahren die Personenbötchen nach der Flusspassage direkt in den Sporthafen ein, wo zahlreiche Terrassenbars zum Einkehren verführen. Gleich hinter dem Hafen beginnen Promenaden und Strandbereiche. Ostwärts reicht der Strand bis an Klippen des Naturschutzgebietes *Domaine d'Abbadia* heran. Zu Füßen der Felsen liegt die Nacktbadezone, im Naturpark ein Schloss. Bei Hochwasser versinkt der Mittelteil des Strandes in den Fluten – dann ist die schönste Zeit für Surfer gekommen. *Office de Tourisme | 67, boulevard de la Mer | Tel. 05 59 20 00 34 | www.hendaye-tourisme.fr*

JAIZKIBEL ⭐ [117 D2]

Wiesen und Meer komponieren Bilder in den Farben Grün und Blau um das Massiv des Jaizkibel, das sich westlich von Hondarribia in ansehnliche Höhen von über 500 m aufwirft. Pferdeweiden wechseln sich mit Farnen und Brombeerhecken ab, die Klippen sind überall zu erahnen.

❯ www.marcopolo.de/baskenland-bilbao

GIPUZKOA (GUIPÙZCOA)

Erster lohnender Halt auf der traumhaften Strecke ist das *Bergheiligtum von Guadalupe,* ein regional bedeutendes Wallfahrtsziel mit einer schwarzen Madonna. Der schöne Platanenvorplatz dort erlaubt weite Blicke über Meer und Berge. Ein paar Straßenkilometer aufwärts ist der höchste Punkt erreicht, wo ein kurzer, unausgeschilderter Abzweig links auf einen Panoramaparkplatz führt. Wer die Fahrt über die Höhen fortsetzt, hat viele Kurven abwärts vor sich und erreicht nach insgesamt 20 km den Ortsrand von *Pasaia;* ab dort geht es entweder auf demselben Weg oder über die gut ausgebaute Inlandsachse N-I zurück nach Hondarribia.

PASAIA/PASAI DONIBANE   [117 D2]

Lassen Sie sich von nichts abschrecken! Nicht vom Kraftwerk, nicht von Känen und Verladehalden mit Kohle und Metallschrott an den Molen. Pasaia (1000 Ew.), auf spanischen Landkarten als *Pasajes de San Juan* geführt, liegt am Handelshafen von San Sebastián und bewahrt das Ambiente eines alten Fischerortes. Die bergflankierte Flussmündung kommt einem Fjord gleich, in leuchtenden Farben dümpeln Ruderboote am Hafenrand Die Ortsstruktur ist ungewöhnlich, denn nur eine einzige lange Straßenschneise, eine Sackgasse, führt mitten hinein; Nicht-Anlieger müssen ihr Fahrzeug am Ortsrand parken. Dahinter beginnt jenes enge Sträßchen, das sich durch Torbögen zieht, vorbei am Bootsableger für Passagen auf die andere Buchtseite (tgl. 6–24 Uhr; hier schiffen sich Jakobspilger ein, die auf dem Küstenweg unterwegs sind), an zwei Kirchen, winzigen Geschäften und einigen Restaurants.

Traditionsadresse für Freunde von Meeresgetier: die *Casa Camara (So abends u. Mo geschl. | Donibane 74 | Tel. 943 52 36 99 | €€ – €€€).* Im Gebäude der heutigen *Touristeninformation (Donibane 63 | Tel. 943 34 15 56 | www.oarsoaldea-turismo.net)* verbrachte der französische Dichter Victor Hugo einige Zeit. *Ontziola*

> ## BLOGS & PODCASTS
> ### Gute Tagebücher und Files im Internet

> http://tobilbao.blogspot.com – Bei diesem Blog entdeckt man immer wieder interessante Aspekte des Baskenlands (Landschaften, Fußballbegeisterung für „Athletic Bilbao" etc.); auf Englisch

> www.spanisch-live.de – Mit diesem Spanisch-Podcast können Sie die spanische Sprache üben

> www.beautiful-bilbao.com/bilbao-blog.html – Dieser Blog bezieht sich nicht nur auf Bilbao, sondern schließt das gesamte Baskenland ein; auf Englisch

> www.podcast.de – In diesem deutschen Podcast-Portal finden sich immer wieder gute Audio-Podcasts zum Baskenland und zu Bilbao

Für den Inhalt der Blogs & Podcasts übernimmt die MARCO POLO Redaktion keine Verantwortung.

lautet der Name kleiner Bootswerk-stätten, die Besuchern offenstehen *(San Juan s/n | Ostern–Sept. Di–So 10–14 u. 15–18 Uhr, sonst 10–14 u. 15–17 Uhr)*. Pasaia liegt ca. 15 km südwestlich von Hondarribia; ein Ausflug hierher ist gut kombinierbar mit einer Fahrt über das Küstenmassiv des Jaizkibel.

ZARAUTZ

[116 B3] **Einst ein Fischernest, begann das Atlantikstädtchen (22 000 Ew.) ab dem 19. Jh. Besucher aus dem In- und Ausland anzuziehen.** Den Ausschlag für die bis heute anhaltende Beliebtheit gibt der längste Sandstrand im spanischen Baskenland, der sich von den östlichen Dünenzonen bis zu den westlichen Hügeln über mehr als 2 km erstreckt. Parallel verläuft die geschmackvoll aufbereitete Promenade, auf der sich herrlich flanieren und einkehren lässt: Es gibt zahlreiche Restaurants; Skulpturen sorgen für moderne Akzente. Im Küstenrücken setzt die Durchgangsstraße den Schnitt zwischen dem Meeres- und dem gefälligen Altstadtbereich. Über das historische Viertel verteilen sich Tapas-Bars und Häuser mit ihren typischen Fassaden, schmiedeeisernen Gittern und wehender Wäsche.

■ SEHENSWERTES ■

CONJUNTO ARQUEOLÓGICO MONUMENTAL
Am *Parque Arrosategia* gelegenes historisches Ensemble mit archäologischen Ausgrabungsresten aus der Eisenzeit, der gotischen Kirche *Santa María la Real* und dem Glockenturm *Torre-Campanario* (Ursprung im

15. Jh., mit einem Minimuseum und interessantem, funktionierendem Uhrwerk). *Wechselnde Zugangszeiten, in der Regel Di–Sa 11–14 u. 15.30–18.30, So 15.30–18.30 Uhr*

FOTOMUSEUM
Ein Blick auf die Entwicklung fotografischer Technik und alte Apparate – für Liebhaber des Themas. *Di–So 10–13 u. 16–20 Uhr | Bizkaia kalea | www.photomuseum.es*

■ ESSEN & TRINKEN ■

OTZARRETA
Mehr als hundertjährige Speisetradition in Händen der Familie Guesalaga. Gediegen und stilvoll tafeln auf höchstem Niveau. Zu den erlesenen Spezialitäten zählt Hummer vom Grill *(bogavante a la parrilla). So abends, Mo geschl. |Santa Klara kalea 5 | Tel. 943 13 12 43 | www.restauranteotzarreta.com | €€€*

TXIKI-POLIT
Cafébereich mit Häppchen, die Terrasse liegt am freundlichen Hauptplatz, auf dem vor allem im Sommer viel Stimmung herrscht. Im Restaurant gibt es das Mittagsmenü (Sa/So teurer). *Tgl. | Musika Plaza s/n | Tel. 943 83 53 57 | www.txikipolit.com | €–€€*

■ ÜBERNACHTEN ■

EKIA
Kleine Pension in günstiger Lage – zur Strandpromenade und zur Altstadt ist es nur ein Katzensprung. Einfache Ausstattung, doch in der Hochsaison recht teuer, trotzdem eine der günstigsten Adressen in Zarautz. Im Sommer unbedingt reser-

GIPUZKOA (GUIPÙZCOA)

vieren. 7 Zimmer mit Bad und TV. *Elizaurre kalea 3 | Tel. 943 01 06 64 | www.ekiapentsioa.com | €*

GRAN CAMPING ZARAUTZ

Weitgehend schattige Grasparzellen und schöne Küstenblicke machen diesen ganzjährig geöffneten Spitzenplatz bei Zarautz interessant. Mit Restaurant, Bar, Laden, Waschmaschinen und kleinem Kinderspielplatz. *Monte Talai-Mendi | Tel. 943 83 12 38 | Fax 943 13 24 86 | www.grancampingzarautz.com | €*

KARLOS ARGUIÑANO

In Vorzugslage über dem Ostteil des Strandes gelegenes Vier-Sterne-Hotel in trutzigem Herrenhausstil. Namensgeber Arguiñano ist ein Pionier der modernen baskischen Kochkunst, der mit eigener Fernsehsendung und Geschäftssinn das hauseigene *Restaurant (So abends, Di abends, Mi geschl. | €€€)* und damit auch Zarautz überall ins Gespräch gebracht hat. *12 Zi. | Mendilauta 13 | Tel. 943 13 00 00 | Fax 943 13 34 50 | www.hotelka.com | €€€*

▪ FREIZEIT & SPORT

Zu weniger frequentierten Tageszeiten eignet sich die Promenade gut für Jogger. Surfkurse u. a. bei *Pukas Surf (Lizardi 9 | Tel. 943 89 06 36 | www.pukassurfeskola.com)*, Tauchkurse bei *Alitan-Sub (Aritzbatalde 2 | Tel. 943 13 26 47 | www.alitan-sub.com)*.

▪ STRAND

Der ausgedehnte ⭐ Strand von Zarautz ist bei ▶▶ Surfern, aber auch bei Sonnenanbetern beliebt. Allerdings sollten sich selbst geübte Schwim-

Am Strand von Zarautz badet man am besten vor der Brandungszone

mer wegen der gefährlichen Wellen und Strömungen nicht weit vom Ufer entfernen. Bei Ebbe sinkt der Wasserspiegel um bis zu 4 m, das Meer zieht sich bis zu 100 m zurück; bei Flut hingegen reduziert sich der Sandstrand auf einen recht schmalen Streifen. Es gibt Strandzelte, Beachvolleyballnetze und Duschen; der Zugang mit Hunden ist verboten.

■ AUSKUNFT ■

Nafarroa kalea 3 | Tel. 943 83 09 90 | www.turismozarautz.com

■ ZIELE IN DER UMGEBUNG ■

DEBA   [116 A3]

Typische Küstengemeinde (5000 Ew.), die historisch durch Fischfang,

>LOW BUDGET

> In San Sebastián bekommt man mit der *San Sebastián Card* Ermäßigungen in mehreren Museen – auch im außerhalb gelegenen Museo Chillida-Leku (S. 57) sowie im Aquarium (S. 99) – und kann die öffentlichen Busse für bis zu zwölf Fahrten kostenlos benutzen. Erhältlich im *Haupt-Touristenbüro (Alameda del Boulevard 8)* und fünf Tage lang gültig. Preis: 13 Euro.

> „Eintritt frei" heißt es donnerstags in San Sebastián im *Museo Naval*, einem kleinen Seeschifffahrtsmuseum. Zu sehen sind Bootsmodelle, Schautafeln, Fotos, Wechselausstellungen und die Nachbildung eines typischen Walfängerboots aus dem 13. Jh. *Di–Sa 10–13.30 u. 16–19.30, So 11–14 Uhr | Paseo del Muelle 24 | http://um.gipuzkoakultura.net*

Woll- und Eisenwarenexporte geprägt wurde. Hier finden Sie nette Flusspromenaden, einen Sandstrand, einen kleinen Hafen und die Kirche *Santa María* aus dem 14. Jh. Wer gut trainiert ist, bricht auf einem markierten Wanderweg zu einer ebenso lohnenden wie anstrengenden Tour ins 15 km entfernte Zumaia auf. In und um Deba ist die Unterkunft in zahlreichen Landhäusern *(casas rurales, agroturismo)* möglich. Weitere Infos im *Tourismusbüro: Ifar kalea 4 | Tel. 943 19 24 52 | www.deba.net*

Deba liegt rund 25 km westlich von Zarautz, sodass sich ein Ausflug über die N-634 gut mit Stopps in Getaria und Zumaia kombinieren lässt. Wenige Kilometer vor Deba liegt am *Pass von Itziar* ein ❊ Panoramaparkplatz. Ähnlich herrliche Küstenansichten begleiten Sie auch, wenn Sie die kurvige Fahrt ab Deba 4 km nordwestwärts über die Höhen bis zum Hafenort *Mutriku* ausdehnen.

GETARIA   [116 B2]

Eine der ❊ schönsten baskischen Panoramastrecken führt 4 km nordwestwärts an der Küste entlang nach Getaria (3000 Ew.), die sich weithin sichtbar mit seinem *Ratón* ankündigt, dem besteigbaren „Mausfelsen" (auch als *Monte San Antón* bekannt). Am Ortsanfang erinnert ein himmelstürmendes Monument an den aus Getaria stammenden Weltumsegler Juan Sebastián Elcano (ca. 1486–1526), der nach dem Tod Magellans auf den Philippinen das Kommando der „Victoria" übernahm.

In Getaria beherrscht das große Hafenbecken samt Yachten, Kuttern und Motorbooten das Bild. Gleich

GIPUZKOA (GUIPÙZCOA)

dahinter reihen sich einige Restaurants auf, darunter das *Itxas-Etxe (tgl. | Kaia 1 | Tel. 943 14 08 82 | €–€€)* mit guten Meeresfrüchteportionen, Tapas und Menü. Zu allen Fischgerichten passt gut der hier populäre *txakoli,* ein fruchtiger, moussierender Weißwein.

Am geschützten kleinen Sandstrand *Malkorbe* ist während der Saison ein Schwimmbereich abgegrenzt. Markantester Altstadtbau ist die Erlöserkirche *San Salvador,* ein gotisches Werk mit kuriosem Inneren: Der Fußboden steigt zum Altarraum hin an, die Kirchenbänke sind leicht in Rücklage. Infos in dem von Ostern bis Sommerende geöffneten *Tourismusbüro (Aldamar Parkea 2 | Tel. 943 14 09 57 | www. getaria.net).*

LOIOLA (LOYOLA) [116 B4]

In Loiola (1500 Ew.) dreht sich alles um den berühmten Ordensgründer der Jesuiten, Ignatius von Loyola (1491–1556). Sein Schicksal nahm 1521 in Pamplona seinen Lauf, als er, in militärischen Diensten stehend, im Kampf gegen die Franzosen schwer verwundet und auf einer Tragbahre auf das elterliche Turmhaus zurück nach Loiola gebracht wurde. Während seiner Genesungszeit griff er zu religiösen Büchern, die ihm einen ganz anderen Weg ins Leben öffneten. Er verwandelte sich in einen zutiefst gläubigen Menschen und legte für immer seine Waffen nieder. Die Spuren des Ignatius von Loyola bewahrt der Wohnturm der Familie, der heute als ★ *Heiliges Haus (Santa*

Im hübschen Küstenstädtchen Deba mündet der gleichnamige Fluss ins Meer

ZARAUTZ

Auch das Baskenland hat Traumstrände, z.B. zwischen Zarautz und Getaria

Casa | Di–Sa 10–13 u. 15–19, So nur 10–13 Uhr) bekannt ist und als Museum fungiert. Hier wurde Ignatius 1491 als letztes von dreizehn Kindern geboren, hier betritt man sein Geburtszimmer. Das Heilige Haus schließt sich recht unscheinbar an die *Wallfahrtsbasilika* an. In übermächtigem Barock wölbt sich die Kuppel 65 m hoch auf, Parkanlagen und eine breite Freitreppe laufen auf diesen Sakralbau aus dem 17./18. Jh. zu.

Loiola liegt 30 km südwestlich von Zarautz, Anfahrt über Zumaia, das alte Heilbad Zestoa und Azpeitia.

ORIO [116 C3]

Aushängeschild dieses traditionellen Fischerortes (4000 Ew.) an der Ría Oria, 6 km östlich von Zarautz, ist der nette Sandstrand. Dahinter liegt ein breiter Grünstreifen mit Kinderspielgerät, wiederum dahinter schließen sich riesige Parkplatzflächen (im Sommer gebührenpflichtig) an und

der Campingplatz *Playa de Oria (März–Okt. | Tel. 943 83 48 01 | Fax 943 13 34 33 | www.oriora.com/camping/kanpina | €)*. Während der Saison öffnen hinter dem Strand einige Terrassenbars, und es gibt kostenlose Duschen. Das *Tourismusbüro (Herriko Enparantza 1 | Tel. 943 83 09 04 | www.oriora.com)* ist normalerweise nur im Sommer geöffnet.

ZUMAIA [110 B3]

Zwei sandige Strände, ein Hafen, bizarre Felsformationen und eines der überraschendsten Kunstmuseen in ganz Nordspanien – planen Sie unbedingt einen Abstecher in dieses 10 km westlich gelegene Küstenstädtchen (9000 Ew.) ein. Nach einer schönen ❊ Panoramastrecke empfängt Sie Zumaia mit einem tiefen Buchteinschnitt und der Mündung des Río Urola, dem Strand *Playa de Santiago* und einem Feuchtgebiet samt Kieferngürteln.

An dieses stößt jenes Gartengelände, das der baskische Maler Ignacio Zuloaga (1870–1945) zu Beginn des 20. Jhs. zu seinem Wohn- und Schaffenssitz machte. Sein einstiges Landhausatelier, ein angrenzender Saal, die Hauskapelle und ein Nebenraum mit Stierkampf-Andenken formen heute das ⭐ *Museo Ignacio Zuloaga (April–Sept. Mi–So 16–20 Uhr | Eintritt 6 Euro | www.ignaciozu loaga.com)*. Zuloaga war nicht nur leidenschaftlicher Maler, sondern auch ein begeisterter Kunstsammler – und davon profitieren die Besucher. Urig umrahmt von Balken und Bruchsteinwänden sieht man zunächst Porträts und typisch baskische Ortsansichten des Meisters. Dann setzt sich die kleine Galerie mit Werken von nahezu unschätzbarem Wert fort: Gemälde von Francisco de Zurbarán, El Greco, Francisco de Goya, eine Skulptur von Auguste Rodin. Der Christus und die Dolorosa in der benachbarten Kapelle wurden von Zuloaga selber bemalt.

Im Ortskern von Zumaia führt der Spaziergang an den Flussufern entlang und hinein in die wuchtige gotische Kirche *San Pedro*. Zur Einkehr empfiehlt sich das Restaurant *Marina-Berri (Mo–Do abends geschl. | Kirol Portua (Puerto Deportivo) | Tel. 943 86 56 17 | www.marinaberri. com | €€–€€€)* mit schönem Blick auf den Sporthafen. Westlich des Städtchens schließt sich der zweite Strand an, die *Playa de Itzurun*, unmittelbar angrenzend an die Klippen und beliebt bei ▶▶ Surfern. Den schönsten Ausblick auf Strand und die Flysch genannten geologischen Formationen, die aus wechselnd gelagerten Schichten verschiedener Gesteine bestehen, genießen Sie von der ☀ Kapelle *San Telmo* aus. *Tourismusbüro: Kantauri Esparantza 13 | Tel. 943 14 33 96 | www.zumaiaturis moa.com*

Insider Tipp

> BASKISCHE SPITZENKÖCHE
Höchste Tafelfreuden in San Sebastián

Wenn Juan Mari Arzak an seine kulinarischen Inspirationen zurückdenkt, erinnert er sich an die Taverne seiner Großeltern und die Kochkunst seiner Mutter. „Learning by doing" eignete er sich die Geheimnisse hoher Gastronomie an und bürgt heute mit seinem Namen und dem seiner Tochter Elena für die Erfüllung kulinarischer Träume: *Arzak (So u. Mo geschl. | Avenida Alcalde Jose Elosegi 273 | Tel. 943 28 55 93 | www. arzak.info)*. Gourmets zieht es gleichermaßen in die Hügel westlich der Stadt, und zwar ins *Akelarre (So abends und Mo geschl., Jan.-Juni auch Di | Paseo Padre Orkolaga 56, Barrio Igeldo | Tel. 943 31 12 09 | www.akelarre.net)* von Pedro Subijana. Auch hier bleibt kein Geschmackswunsch offen – die Gerichte sind von bestechender Raffinesse. Gleiches gilt für Martín Berasategui, einen weiteren preisgekrönten Meister der Koch-Avantgarde. Das *Restaurant Martín Berasategui* liegt außerhalb in *Lasarte-Oria (So abends, Mo u. Di geschl. | Loidi Kalea 4 | Tel. 943 36 64 71 | www. martinberasategui.com). Alle €€€ | rechtzeitige Reservierung nötig*

> IM GRÜNEN HINTERLAND

Berge, Täler und Weingärten drücken der südlichsten baskischen Region ihren Stempel auf

> Knapp 3050 km² machen Álava zur größten baskischen Provinz, doch gleichzeitig ist es die am dünnsten besiedelte. Einziges Zentrum ist die Hauptstadt *Vitoria*, ansonsten gibt das Grün den Ton an. Berggebiete wechseln sich mit Stauseen wie Ullibarri und Urrunaga und Naturparks wie *Valderejo* und *Izki* ab; das Massiv des Gorbeia kratzt mit 1482 m an den Wolken.

Über fruchtbare Becken verteilen sich Wiesen und Weiden, Kartoffel- und Getreidefelder. Im tiefen Süden vermischt sich Álava mit einem Teil der Rioja zur 160 km² großen Weinbauregion Rioja Alavesa.

GASTEIZ (VITORIA)

 KARTE
AUF SEITE 74

[119 E2] 1181 schlug die offizielle Geburtsstunde der heutigen Hauptstadt

Bild: Bilar (Elvillar)

ARABA (ÁLAVA)

(230 000 Ew.) des Baskenlands, Gründer war Navarras König Sancho VI. Neuere Ausgrabungen haben belegt, dass an derselben Stelle mindestens ab dem 8. Jh. die Siedlung Gasteiz existierte. Zu Zeiten der napoleonischen Invasionen sicherte sich die Stadt durch einen wegweisenden Schlachtensieg im Jahr 1813 ihren Eintrag im Buch der Geschichte.

Vitoria genießt einen guten Ruf als Einkaufs- und Museumsziel; das Ar-tium-Museum hat einen modernen Kunstakzent gesetzt. Die Altstadt, die sich in Form einer großen Mandel um einen Hügel legt, bewahrt ihren historischen Charme. Die lang gestreckten Gassen tragen die Namen der einstigen Zünfte. In der *Herrería* hämmerten vormals die Schmiede, in der *Zapatería* die Schuhmacher. Heute schwärmt hier die Jugend aus, während kleine Geschäfte von der Konditorei bis zum

GASTEIZ (VITORIA)

Schlanke, gebündelte Säulen: Blick in das Chorgewölbe der Catedral de María Inmaculada

Pferdemetzger von der guten alten Zeit künden. Gerne rühmen die Einheimischen die hohe Lebensqualität, die mit einem entsprechenden Preisniveau einhergeht. Auch bei den Immobilien fällt Vitoria ein landesweiter Spitzenplatz zu.

■ SEHENSWERTES

ARTIUM ★ ▶▶
Zentrum zeitgenössischer Kunst, das seinen Schwerpunkt auf baskische und andere spanische Künstler legt. Ständig wechselnde Ausstellungen verleihen dem 2002 nach Plänen von José Luis Catón eingeweihten Museum jene Dynamik, die seine Macher sich wünschen. Außerdem finden häufig Vorträge, Konzerte, Kino- und Tanzveranstaltungen statt. Die Ausstellungssäle befinden sich ausschließlich unter der Erde – wie in einem guten Weinkeller, so heißt es von Museumsseite – und geben Raum für Installationen, großformatige Bilder Videokunst und mehr. *Di–So 11–20 Uhr | Eintritt 4,50 Euro | Calle Francia 24 | www.artium.org*

CATEDRAL DE MARÍA INMACULADA
Neogotisches Gotteshaus, das auch „neue Kathedrale" genannt wird und 1907–69 erbaut wurde. Die Bereiche von Chor- und Altarumlauf nimmt das ★ *Museo Diocesano de Arte Sacro* ein, das exzellent aufbereitete Diözesanmuseum für Sakrale Kunst. Hier sind nicht nur Marien- und Heiligenfiguren aus verschiedenen Epochen ausgestellt, sondern auch Grabstelen aus dem Mittelalter, Gemälde und wertvolle Silber- und Elfenbeinarbeiten. Die eigentlichen Höhepunkte markieren die beiden Renaissanceretabel *San Blas* und *San Nicolás de Bari* sowie ein Ensemble von fünf Reliquienbüsten aus bunt bemaltem Eichenholz. Diese *bustos re-*

❯ www.marcopolo.de/baskenland-bilbao

licarios stellen Gefährtinnen der hl. Märtyrerin Ursula dar. Die Details bis hin zu Augenpartien und geflochtenen Zöpfen sind ein einzigartiges Zeugnis der flämischen Kunst um 1520. Gläserne Trennwände erlauben vom Museum den Blick in die überdimensioniert wirkende Kathedrale. *Di–Fr 10–14 u. 16–18.30, Sa 10–14, So 11–14 Uhr | Calle Monseñor Cadena y Eleta s/n*

CATEDRAL DE SANTA MARÍA

Mit ihrem knapp 60 m hohen Turm beherrscht die „alte Kathedrale", die in ihren Anfängen aus dem 14. Jh. datiert, einen Teil des Altstadthügels. Schöne Beispiele der Gotik sind das Portal *Santa Ana* und der westliche Portikus *(Pórtico Occidental)* mit seiner Marienskulptur. Umfangreiche Restaurierungs- und Ausgrabungsarbeiten werden noch bis voraussichtlich 2014 dauern, wobei die Kathedrale für Besucher geöffnet bleibt, die so das Wirken der Archäologen und Restauratoren verfolgen können. *Teilnahme an Führungen nach Reservierung (Tel. 945 25 51 35 oder Mail visitas@catedralvitoria. com) tgl. 11–13 u. 17–19 Uhr | Plaza de la Burullería*

MUSEO DE ARMERÍA

Über zwei Ebenen laufendes Waffenmuseum, das nicht kriegerisch, sondern kulturgeschichtlich zu verstehen ist. Die Schau spannt sich von der Prähistorie bis zum Beginn des 20. Jhs. und zeigt eine Fülle an Hieb-, Stich- und Schusswaffen, mit denen sich Menschen gegenseitig ins Jenseits beförderten. Besonders interessant sind die Armbrüste und verschiedene Ritterrüstungen, die bei Turnieren angelegt wurden. Dieses *Museum und das nahe Museo de Bellas Artes* liegen in einem schönen Stadtteil mit historischen Villen. *Di–Fr 10–14 u. 16–18.30, Sa 10–14, So 11–14 Uhr | Paseo de Fray Francisco de Vitoria 3*

Insider Tipp

MUSEO DE ARQUEOLOGÍA

Archäologisches Museum mit Schwerpunkt auf der Provinz Álava. Das Museum bezog im April 2009 neue Räume in der *Calle Cuchillería*

MARCO POLO HIGHLIGHTS

★ **Laguardia**
Ein Ort wie ein Freilichtmuseum mit einem Meisterwerk der Kirchenbaukunst (Seite 80)

★ **Parque Natural de Valderejo**
Hier schlägt das Wandererherz höher (Seite 79)

★ **Museo Diocesano de Arte Sacro**
Sakrale Kunst in Vitorias neuer Kathedrale (Seite 70)

★ **Artium**
Moderne Kunst im Spiegel wechselnder Ausstellungen (Seite 70)

★ **Parque Natural de Izki**
Wanderwege durch üppiges Grün voller Eichen (Seite 78)

★ **Rioja Alavesa**
Der Besuch einer Bodega in dieser traditionellen Weinbauregion ist ein echtes Erlebnis (Seite 86)

54 (neben dem Museo Fournier de Naipes). Öffnungszeiten standen bei Redaktionsschluss noch nicht fest.

MUSEO DE BELLAS ARTES

Mindestens ebenso lohnend wie der Inhalt ist der Rahmen des Museums der Schönen Künste: ein 1912 errichtetes Hotelpalais, das den Vorbildern von Renaissancepalästen folgt und mit verschwenderischen Holztäfelungen ausgestattet wurde. Die Sammlung ist im Hauptbau und einem moderneren Nebengebäude untergebracht, ein Bereich bleibt wechselnden Ausstellungen vorbehalten.

Unter den Werken baskischer Maler stechen Ignacio Díaz Olano (1860–1937), Pablo Uranga (1861 bis 1934) und Adrián Maria Aldekoa (1887–1945) mit ländlichen Brauchtumsszenen sowie Fernando de América (1866–1956) mit Landschafts- und Stadtansichten hervor. Das Panorama spanischer Malerei aus dem 19./20. Jh. runden Salvador Martínez Cubells und Joaquín Sorolla ab. In der einstigen Hauskapelle erwartet Sie ein farbenprächtiger Höhepunkt: das auf 1548 datierte Retabel von Ribera de Valderejo mit Szenen aus dem Leben des hl. Stephan. *Di–Fr 10–14 u. 16–18.30, Sa 10–14 u. 17–20, So 11–14 Uhr | Paseo de Fray Francisco de Vitoria 8*

MUSEO DE CIENCIAS NATURALES

Naturwissenschaftliches Museum, untergebracht in einem historischen Turmhaus aus dem Spätmittelalter. Die übersichtlich präsentierte Sammlung teilt sich auf in Geologie und Mineralogie (Vitrinen mit Kristallen und Fossilien), Zoologie und Botanik (präparierte Tiere, Informationstafeln). *Di–Fr 10–14 u. 16–18.30, Sa 10–14, So 11–14 Uhr | Calle Siervas de Jesús 24*

MUSEO FOURNIER DE NAIPES

Das Spielkartenmuseum ist in einem Stadtpalais aus dem 16. Jh. untergebracht, der nach Renovierung im April 2009 neu eröffnet wurde. Gezeigt werden zahlreiche Spielkartensets aus verschiedenen Jahrhunderten und verschiedensten Ländern, alle versehen mit einer erstaunlichen Fülle an Designs und verspielten Details. Ob aus Italien, Frankreich oder Deutschland. Ob mit Bibel- oder Burgmotiven oder wilden Husaren. Zum Fundus gehören auch die älteste Spielkarte Europas, genannt „Italia 2", aus dem 14. Jh. und eine von Salvador Dalí entworfene Serie.

Der Bezug zwischen Karten und Vitoria erklärt sich durch die 1868 von Heraclio Fournier ins Leben gerufene Spielkartenfabrik; der Enkel des Gründers baute ab 1916 die heute im *Palacio de Bendaña* untergebrachte Sammlung auf. Öffnungszeiten standen bei Redaktionsschluss noch nicht fest. *Calle Cuchillería 54*

PARQUE DE LA FLORIDA

Im 19. Jh. angelegter Stadtpark, der ans Parlamentgebäude stößt und ganz in der Nähe der Catedral de María Inmaculada liegt. Im Park finden Sie über hundert Baumarten, Wege, Teiche, Ruhebänkchen und ein von den Einheimischen gerne aufgesuchtes Terrassencafé an der Hauptpromenade, dem *Paseo de la Florida*. Der Musikpavillon ist samstagabends oder sonntagvormittags häufig Schauplatz von Konzerten. Im Dezember lieben Kinder den Park ganz besonders: wegen der aufgebauten Schlittschuhbahn und einer **Krippe mit rund 300 Figuren.**

ist etwas oberhalb hinter Schutzglas vor der Kirche *San Miguel* zu sehen. Nahe der Skulptur beginnt *Los Arquillos,* ein sehenswerter Arkadengang aus dem 19. Jh.

Das Denkmal auf der Plaza de la Virgen Blanca erinnert an den Sieg über Napoleon 1813

PLAZA DE LA VIRGEN BLANCA

Der Platz der Weißen Jungfrau ist Dreh- und Angelpunkt zwischen Alt- und Neustadt, ein großes Denkmal erinnert an den Sieg über die Franzosen 1813. Versteckter Platznachbar ist das Arkadenviereck der *Plaza de España,* während eine breite Fußgängerzone in Richtung der von Luis Peña Ganchegui und Eduardo Chillida ausgestalteten *Plaza de los Fueros* führt. Wahrzeichen der Plaza de la Virgen Blanca sind die umliegenden Glasgalerien. Ein Bildnis der namensgebenden „Weißen Jungfrau"

▰ ESSEN & TRINKEN ▰

ASADOR MATXETE

Rustikal und stilvoll – im oberen Bereich sitzen Sie unter Bruchsteinbögen. Je nach Jahreszeit bieten sich als Vorspeise Pilze an, auch der Kartoffelsalat mit Aioli ist zu empfehlen. Einem *asador* entsprechend, nehmen die Grillgerichte breiten Raum ein. In der ganzen Stadt bekommen Sie kein besseres **T-Bone-Steak!** Die Fischauswahl richtet sich nach dem täglichen Marktangebot. *So abends, Mo geschl. | Plaza del Machete 4–5 | Tel. 945 13 18 21 | €€–€€€*

GASTEIZ (VITORIA)

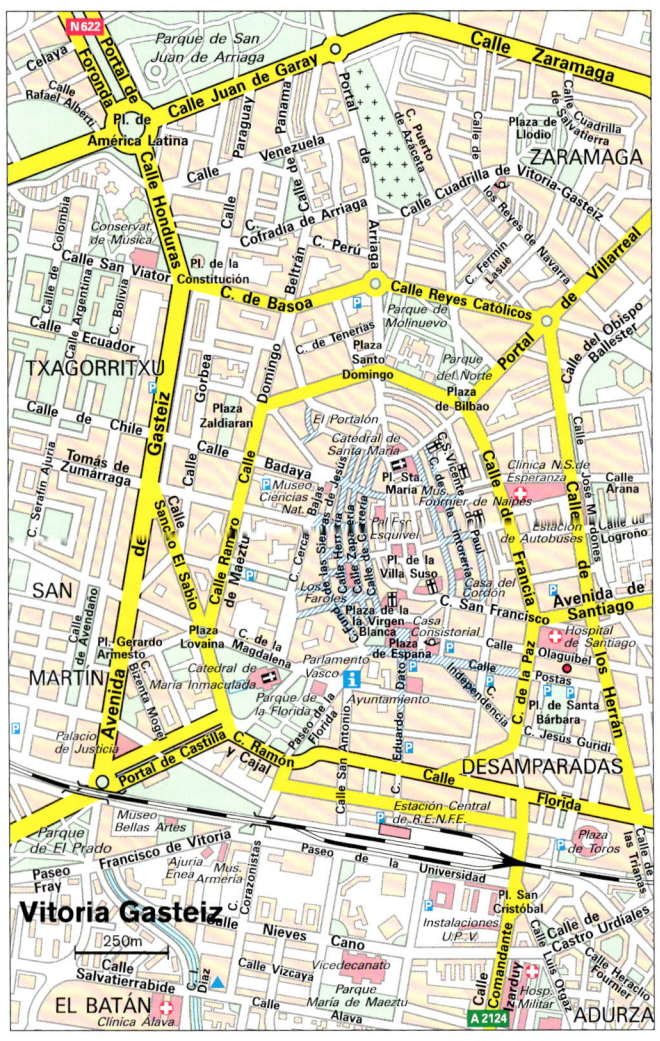

CAFÉ PLAZA ▶▶

Poppig aufgezogen und beim jüngeren Publikum sehr beliebt. Diverse Salate und ein erschwingliches Tagesmenü. Eingänge zur Fußgängerzone und zur Plaza de España. *Bar tgl. geöffnet, Restaurant So geschl. | Calle Postas 5 | Tel. 945 13 98 51 |* €

> **www.marcopolo.de/baskenland-bilbao**

ⓟ OCHANDIANO
Gegenüber dem Artium-Museum gelegenes Restaurant mit Bar. Hier gibt es mittags und abends ein Hausmenü (*menú de la casa*) zu moderatem Preis und mit großer Auswahl. *So geschl. | Calle Francia 33 | Tel. 945 27 48 21 | €*

VIRGEN BLANCA
An einer Ecke des Hauptplatzes gelegenes Restaurant, beliebt unter den Einheimischen. Es gibt ein ordentliches Mittagsmenü. *So abends geschl. | Plaza de la Virgen Blanca 2 | Tel. 945 28 61 99 | €€*

■ EINKAUFEN
Vitoria ist eine geschäftige Einkaufsstadt mit weitläufigen Fußgängerzonen u.a. um die *Plaza de los Fueros,* die *Calle San Prudencio* und die *Plaza de la Provincia.* Boutiquen und Schuhgeschäfte wechseln sich mit Traditionsläden ab. Im Feinkostgeschäft *Victofer (Calle Cuchillería 14 | www.victofer.com)* finden Sie typische Produkte der Region. Konditoreien wie *Hueto e Hijos (Calle Postas 4 | www.hueto.com)* locken

mit verführerischen Auslagen. Das große Kaufhaus *El Corte Inglés* finden Sie zwischen der Calle de La Paz und der Plaza de Santa Bárbara.

Vitorias süße Dessertspezialität *goxua*

■ ÜBERNACHTEN
CANCILLER AYALA 🔊
Gutes Haus der NH-Hotelkette, gegenüber dem Parque de la Florida gelegen. Vier Sterne, komfortabel. *185 Zi. | Calle Ramón y Cajal 5 | Tel. 945 13 00 00 | Fax 945 13 35 05 | www.nh-hotels.com | €€*

> LANDHAUSTOURISMUS
Ein Herz für den Urlaub im Grünen

Turismo rural heißt der Zauberbegriff. Im Zuge dieses in Mode gekommenen „ländlichen Tourismus" sind immer mehr Zimmer und Häuser auf dem Land tage-, wochenend- und wochenweise mietbar. Naturparks, Wandern, Radfahren, dörfliche Umgebung, Ruhe, unverbrauchte Luft – das ist es, was einheimische Urlauber und auswärtige Besucher abseits des Mainstreams selbst in die entlegensten Winkel treibt. Außerdem sind die Preise gemeinhin recht günstig. Unter dem Titel „Alojamientos en el Medio Rural" halten die Fremdenverkehrsämter jährlich aktualisierte Broschüren mit den genau eingezeichneten Standorten solcher Unterkünfte abseits der Städte bereit.

CIUDAD DE VITORIA 🔊

Vier-Sterne-Hotel in günstiger Lage nahe dem Parque de la Florida, gutes Frühstücksbuffet. Freundlich aufgemachte Gemeinschaftszonen, darunter der begrünte Innentrakt; abends gibt es regelmäßig Livemusik in der *Pianobar Wellington*. Gegen Extragebühr Sauna, Fitnessgeräte (Mo–Sa 18–21, So 10–13 Uhr) sowie das hauseigene Parkhaus. *149 Zi. | Portal de Castilla 8 | Tel. 945 14 11 00 | Fax 945 14 36 16 | www.hotelessilken.com | €€–€€€*

> LOW BUDGET

> In Vitoria ist es an verschiedenen Punkten möglich, kostenlos Fahrräder auszuleihen. Dazu muss man sich mit Personalausweis registrieren lassen, am besten im zentralen *Touristenbüro* an der *Plaza General Loma*. Die Ausleihe ist auf 4 Std. am Stück beschränkt.

> Freien Eintritt gibt es in die meisten Museen in Vitoria, darunter ins *Museo de Arte Sacro (S. 70)*, ins *Museo de Armería (S. 71)*, ins *Museo de Bellas Artes (S. 72)* und ins *Museo de Ciencias Naturales (S. 72)*.

> Günstiger Weinkauf direkt beim Erzeuger: in Laguardia in der *Bodega El Fabulista (Plazuela de Juan | Tel. 945 62 11 92 | www.bodegaelfabulista.com)*. Der Familienbetrieb verfügt über einige Hektar Rebflächen und produziert vorzügliche Tropfen zu erschwinglichem Preis. Auswahl im kleinen Verkaufsraum. Ab dort kann man überdies an regelmäßigen Rundgängen teilnehmen, die in die unterirdischen Weinlager führen.

IRADIER 🔊

Kleines Hotel in zentraler Lage, gute Preise. Alle Zimmer mit Bad, Telefon und TV. *19 Zi. | Calle Florida 45 | Tel. 945 27 90 66 | Fax 945 27 97 11 | www.hoteliradier.com | €*

PARADOR DE ARGÓMANIZ

Eine Anfahrt ins 12 km östlich gelegene Örtchen *Argómaniz* [119 F2] werden manche gerne in Kauf nehmen, um ein Zimmer in diesem Nobelquartier aus der Paradores-Kette zu beziehen. In dem wappenverzierten Renaissancepalais soll schon Napoleon genächtigt haben. Das angeschlossene Restaurant (€€–€€€) tischt regionale Spezialitäten auf. *53 Zi. | Carretera N-I, (bei Km 363 ausgeschilderte Abzweigung) | Tel. 945 29 32 00 | Fax 945 29 32 87 | www.parador.es | €€€*

PÁRAMO

Dieses Zwei-Sterne-Hotel ist eine solide Cityadresse, die Plaza de España in wenigen Gehminuten erreicht. Bei Doppelzimmern sollten Sie sich nach dem günstigeren Wochenend-Tarif *(tarifa fin de semana)* erkundigen. *37 Zi. | Calle General Álava 11 | Tel. 945 14 02 40 | Fax 945 14 04 92 | www.hotelparamo.com | €–€€*

■ AM ABEND ■

An den beliebtesten „Ausschwärmtagen" Freitag und Samstag zieht es die Jugend vor allem in den Bereich der Altstadtgassen *Cuchillería* und *Zapatería*, wo sich viele Kneipen konzentrieren. Theateraufführungen und Konzerte gibt es im *Teatro Principal (Calle San Prudencio 29 | Tel. 945 16 10 45)*. Im Tourismusbüro ist ein monatlich erscheinendes Veranstaltungsheft *(guía de ocio)* kostenlos erhältlich.

■ AUSKUNFT

Plaza General Loma 1 | Tel. 945 16 15 98 | www.vitoria-gasteiz.org/turismo

■ ZIELE IN DER UMGEBUNG

ARANTZAZU (ARANZAZU)   [116 A6]

Unter religiösem Stern steht eine Tour bis zum Bergheiligtum von Arantzazu, ca. 60 Straßenkilometer nordöstlich von Vitoria. Hier soll einst einem Schäfer die heilige Maria erschienen sein. Die moderne Basilika mit ihren auffälligen Türmen datiert aus der Mitte des 20. Jhs. *Anfahrt über Arrasate-Mondragón und Oñati*

ARMENTIA   [119 E2]

Wallfahrtsstätte mit der *Basílica de San Prudencio*, wenige Kilometer südwestlich der City am Jakobsweg gelegen. In ihren stilistischen Ursprüngen ist die Basilika romanisch und dem Schutzheiligen der Region geweiht, der gemäß der Überlieferung aus Armentia stammte. *Öffnungszeiten wechselnd, meist Mo–Fr 10–14, Sa 11–14 u. 17–20, So 10–12 u. 17–20 Uhr*

ESTÍBALIZ   [119 F2]

Die sorgsam behauenen Kapitelle, drei halbkreisförmige Apsiden und das *Speciosa*-Portal mit seinem Steindekor machen das Heiligtum von Estíbaliz, 10 km östlich von Vitoria, zum Juwel der alavesischen Romanik. Im Innern der im Regelfall auch über Mittag geöffneten Kirche

verehren die Gläubigen das romanische Bildnis „Unserer lieben Frau von Estíbaliz", *Nuestra Señora de Estíbaliz;* außerdem ist ein interessantes Taufbecken aus dem 13. Jh. zu sehen. Der Großparkplatz weist auf

Angenagt vom Zahn der Zeit: romanischer Figurenschmuck an der Kirche von Estíbaliz

die Bedeutung als Wallfahrtsziel hin, denn die hiesige Maria wird als Patronin Álavas verehrt. Gleich gegenüber liegt der moderne Klosterkomplex der Benediktiner, die die Kirche regelmäßig für Morgenlob und Vesper nutzen.

GAZEO (GACEO)   [120 A2]

Knapp 25 km östlich gelegener Ort am Jakobsweg, bekannt wegen seiner gotischen Wandmalereien in der *Igle-*

sia de San Martín. Die Martinskirche hat keine regelmäßigen Öffnungszeiten, auf Anfrage gibt es geführte Besuche über das Tourismusbüro *Tour Agurain/Tura (Calle Zapateri 15 | Tel. 945 31 25 35 | www.tura.org)* im nahen *Agurain-Salvatierra,* das auch Führungen durch die Kirche von *Alaiza* mit weiteren Wandmalereien anbietet. Weitere Infos im *Tourismusbüro Agurain-Salvatierra (Calle Mayor 8 | Tel. 945 30 29 31 | www. agurain.biz).*

IRUÑA-VELEIA [119 D2]

Ausgedehnte Fundstätte einer römischen Stadt, 12 km westlich von Vitoria zwischen den Örtchen Villodas und Trespuentes gelegen. Zur Anlage gehört auch ein Museum *Im Sommer Di–Fr 10–14 u. 16–20, Sa 11–15, So 11–14 Uhr, sonst Di–Sa 11–15, So 10–14 Uhr | www.veleia.com*

Der Besuch lässt sich mit einem Abstecher ins nahe *Mendoza* (s. u.) kombinieren, außerdem liegt nahe der Steinbrüche von Trespuentes ein botanischer Garten *(Jardín Botánico Santa Catalina | im Sommer Di–Fr 10–14, Sa/So 11–20 Uhr, sonst Sa/So 11–15 Uhr | www.cuadrilladeanana. es/santacatalina).*

MENDOZA [119 D2]

Unübersehbar ragt aus dem dörflichen Bild die *Torre de los Mendoza,* ein wuchtiges Turmrechteck aus dem 13./14. Jh., das in einen Unterbereich aus vier kleinen Rundwehrtürmen gefasst ist. Hier ist das alavesische Wappenmuseum untergebracht *(Museo de Heráldica Alavesa | Di–Sa 11–15, So 10–12 Uhr).* Etwa 10 km westlich von Vitoria.

PARQUE NATURAL DE GORBEIA [114–115 C–E 4–6]

Um den Berg Gorbeia gelegener, ca. 200 km² großer Naturpark, der rund 20 km nordwestlich von Vitoria beginnt und sich in die Provinz Vizcaya hinein erstreckt. Das Infozentrum *(Centro de Interpretación | Central de Baias | Tel. 945 43 07 09)* liegt bei *Sarria* [115 D6], hier startet auch eine Tour auf den 1482 m hohen Gipfel des Gorbeia.

In *Murgia (Murguía),* dem südlichen Nachbarort von Sarria, nehmen Ausflügler gerne Quartier im kleinen Hotel ♫ *La Casa del Patrón (14 Zi. | San Martín 2 | Tel. 945 46 25 28 | Fax 945 43 07 54 | www.casadelpa tron.com | €);* dem Zwei-Sterne-Haus ist ein Restaurant angeschlossen. Wenige Kilometer südlich von Murgia liegt das regional bedeutende Heiligtum *Virgen de Oro.*

PARQUE NATURAL DE IZKI ⭐ [119 F3–4]

Wanderfreunde finden in diesem 91 km² großen Naturschutzgebiet ein Netz aus über einem Dutzend beschilderten Wegen. In *Korres* hat das Infocenter *(Caseta del Parque | im Sommer Di–So 10–19 Uhr, sonst Di–Fr 9–15, Sa/So 10–18 Uhr | Tel. 945 41 05 02)* seinen Sitz. Hier bekommen Sie Karten, hier startet eine nicht zuletzt für Familien mit Kindern gut geeignete 5,3-km-Strecke (s. „Mit Kindern reisen"). Längere Tagestouren führen durch das Hochtal von Izki, in dem einer der landesweit reichsten Bestände an Pyrenäeneichen wächst. Außerdem gibt es Steineichen, Buchen, Buchs und Schwarzerlen. Charakteristisch für

Im Naturpark von Valderejo stehen die Chancen gut, Gänsegeier beobachten zu können

die Fauna sind neben Otter und Nerz, Zwerg- und Schlangenadler der Mittelspecht, seltene Amphibien sowie zahlreiche Schmetterlingsarten.

Der Izki-Naturpark, der mit dem Kapildui eine Maximalhöhe von 1175 m erreicht, liegt rund 40 km südöstlich von Vitoria. Unterkunft ganz in der Nähe finden Sie in *Maeztu* [120 A3] im Landhotel *Los Roturos (8 Zi. | Calle Herrería 10 | Tel. 945 41 02 50 | www.losroturos. com | €)* mit Restaurant.

PARQUE NATURAL DE VALDEREJO ★ [118 A2]

Das 60 km westlich von Vitoria gelegene Naturschutzgebiet ist ein kleines Wanderparadies und Heimat von über 200 Gänsegeiern, der größten Population im Baskenland. Endstation ist der Parkplatz am Ortsrand von *Lalastra*, ein Stück weiter an der Straße liegt das Infozentrum *(Casa del Parque | im Sommer Di–So 10–19 Uhr, sonst Di–Fr 9–15, Sa/So 10–18 Uhr | Tel. 945 35 31 46)* des 34 km² großen Naturparks.

Ab der Casa del Parque startet ein Wanderklassiker zur Schlucht des *Río Purón* (11 km hin und zurück, s. „Ausflüge & Touren"). Ein kürzerer Weg von 2,6 km (einfache Strecke) führt über das verlassene Dorf Villamardones hinauf zur ⚜ *Ermita de San Lorenzo,* einer Einsiedelei, die über der Abbruchkante der Kalksteinfelsen thront. Ebenfalls reizvoll ist die ⚜ *Senda de Vallegrull,* ein Weg, der über der höchsten Erhebung des Parks (Vallegrull, 1226 m) weitere Panoramablicke garantiert; zum Schutz der Geier und ihres Nachwuchses bleibt dieser Pfad allerdings von Anfang Januar bis Mitte August für Besucher gesperrt.

Im Ortszentrum von *Lalastra* finden Sie typische Bruchsteinhäuser, ein kleines volkskundliches Museum *(Centro de Interpretación Rural | unregelmäßig geöffnet, meist nur Sa/So)* und die Kirche (kurzer Aufstieg zum Uhrwerk aus dem 19. Jh.). Quartier bietet das Landhaus *Valderejo Etxea (6 Zi. | Calle Real s/n | Tel./Fax 945 35 30 85 | Sept. geschl. |*

€). Alternativ zum großen Picknick-platz lädt das rustikale Restaurant *Mesón Valderejo (Mo geschl. | Calle Real s/n | Tel. 945 35 30 85 | €–€€)* zur Einkehr ein.

Ein ganzjährig geöffneter Campingplatz mit Vermietung von Bungalows für bis zu sechs Personen liegt 15 km entfernt bei *Villañane,* einem Ort, der vom mittelalterlichen Turmpalast derer von Varona beherrscht wird: *Camping Angosto | Carretera Angosto-Villáñane, Km 1 | Tel. 945 35 32 71 | Fax 945 35 32 69 | www.camping-angosto.com | €*

SALINAS DE AÑANA   [118 C3]

Inmitten einer Landschaft aus Hügeln und Getreidefeldern beschert der 800-Ew.-Ort ungewöhnliche Ansichten auf historische Salinen. An der Durchgangsstraße reihen sich kleine ✹ Aussichtspunkte mit Blick auf zahlreiche balkengestützte Terrassen und Becken auf, in denen man bereits zu Römerzeiten Salz durch Verdunstung gewann. Heute sind die Salinen Kulturdenkmal; etwas abseits des Ortes setzt ein moderner Salzbetrieb die Tradition fort.

Oberhalb des Talkessels von Salinas de Añana liegt der *Convento de San Juan de Acre* (ausgeschildert), ein Kloster mit Wurzeln im 14. Jh., das heute noch von einer kleinen Johanniter-Schwesterschaft bewohnt wird. Im Vorhof geht es in die schlichte *Kirche* hinein *(im Regelfall tgl. 10–13 u. 17–19 Uhr, Sa abends Gottesdienst)*. Salinas de Añana liegt ca. 35 km westlich von Vitoria; die Anreise lässt sich gut mit der Weiterfahrt in den Parque Natural de Valderejo kombinieren.

LAGUARDIA

[119 F5] ⭐ **Romantische Gassen, wuchtige Mauern, Plätze, wappengeschmückte Häuser** – das ist Laguardia, einer der malerischsten Orte in Nordspanien. „Frieden denen, die ankommen, und Glück denen, die aufbrechen" – so der Spruch auf einem Kachelschild an den Stadtmauern. Der Name Laguardia bedeutet „die Wache" und weist auf jene Zeiten im Mittelalter hin, da der strategisch günstig gelegene Ort als Vorposten des Königreichs Navarra diente. Über das Becken des Ebro hin hatten die Soldaten hier den feindlichen Nachbarn Kastilien im Blick, ein Ausblick, den Besucher von heute genießen. Deutlich hebt sich der ✹ Ortshügel vor den Flanken der hinter ihm liegenden Sierra de Toloño ab, rundherum breiten sich die Rebgärten und Bodegas der Rioja Alavesa aus.

Auch Laguardia (1500 Ew.) selbst steckt voller Wein – man sieht ihn nur nicht. Unterirdisch wird der mittelalterliche Ortskern von verschiedensten Anliegern als Weinlager genutzt und ist von Kellern und langen Gängen unterhöhlt. Einen Stock höher führt der Rundgang zur *Plaza Mayor* mit ihren Rathausarkaden und zur *Iglesia de Santa María de los Reyes,* neben der sich der *Glocken- oder Abteiturm (Torre Abacial)* aus dem 13. Jh. erhebt.

Das Ortsbild ist geschmackvoll mit Blumengehängen und Laternen aufgelockert, außerdem gibt es zwei nette Details: das *Glockenspiel* neben der Rathausuhr mit seinen bunten Trachtenfiguren und das „Viajeros" (Reisende) betitelte *Skulpturen-*

ensemble des zeitgenössischen Bildhauers Koko Rico im Schatten der Kirche Santa María de los Reyes. Ein guter  Aussichtspunkt liegt außerhalb des Mauergürtels hinter dem Stadttor *Santo Cristo.*

Tympanon Szenen aus dem Leben Marias bis hin zur Himmelfahrt und ihrer Krönung als Himmelskönigin. Der *Hochaltar* im Kircheninneren datiert aus dem 17. Jh. und ist aus vergoldetem Nussbaumholz, in ci-

Laguardia: Unter dem spektakulären Wellendach der Bodegas Ysios reifen samtige Rotweine

■ SEHENSWERTES ■

IGLESIA DE SANTA MARÍA DE LOS REYES

Auf dem Altstadthügel gelegene Kirche mit einem stilistischen Mix von der Romanik bis zur Renaissance. Ein Vorbau schützt das gotische *Hauptportal,* eines der schönsten in ganz Nordspanien. Es wurde komplett aus Stein gefertigt und in der Barockzeit neu koloriert. Hier stürzt ein ganzer Farb- und Figurenkosmos auf die Betrachter ein: in der Mitte das Marienbildnis, seitlich die Apostelfiguren auf Sockeln und unter Baldachinen, in den Archivolten Weinranken und musizierende Engel, im

nem gläsernen Sarg ist ein barocker Christus zu sehen.

Die Zugangszeiten können sich ändern, die Damen des örtlichen Touristenbüros haben den Kirchenschlüssel und kümmern sich um die Führungen. *Öffnungszeiten des Büros: Mo–Fr 10–14 u. 16–19, Sa 10–14 u. 17–19, So 10.45–14 Uhr*

VILLA LUCÍA –
CENTRO TEMÁTICO DEL VINO

Informative Ausstellung rund um den Wein, untergebracht in einer ehemaligen Bodega am Ortsrand. Vitrinen zeigen die sieben Rebsorten der

Rioja und mögliche Krankheiten und Schädlinge wie Mehltau und Reblaus, Schautafeln das unermüdliche Wirken rund um den Weinbau. Ausgestellt sind Utensilien der Fassmacher und historisches Gerät. An 20 Duftzylindern bittet die interaktive Sektion zum **Schnüffeltest:** Nach was sollte ein Wein bitte riechen und wonach lieber nicht?

Insider Tipp

Die Besuche sind geführt (1 Std.; Voranmeldung) oder in Eigenregie möglich. Im Eintrittspreis ist eine Kostprobe enthalten. *Di–Sa 9.30–14 u. 16.30–20 Uhr, So nur 9.30–14 Uhr | Carretera de Logroño s/n | Tel. 945 60 00 32 | www. villa-lucia.com*

ESSEN & TRINKEN

BIAZTERI
Gute Tapas-Auswahl in der Bar, dahinter Durchgang in den urigen Speisebereich unter Holzbalken. Auf dem Altstadthügel gegenüber der Kirche San Juan gelegen. *So abends geschl. | Calle Mayor/Esquina Berberana | Tel. 945 60 00 26 | €–€€*

MARIXA ❄
Von diesem Panoramarestaurant mit typischer Regionalküche haben Sie mit Álava, La Rioja, Navarra und Soria gleich vier spanische Provinzen im Blick. Wer die schönste Fernsicht genießen will, sollte vorsorglich ein Plätzchen im "Salón Cristal" reservieren. Es gibt u.a. gegrilltes Zicklein (*cabritillo asado*) und diverse Salate. *Tgl. | Calle Sancho Abarca 8 | Tel. 945 60 01 65 | €€*

Insider Tipp

POSADA MAYOR DE MIGUELOA
Breite Aufgänge leiten hoch hinauf ins Restaurant, die gute Küche hat freilich ihren Preis. Spezialität ist gegrilltes Lamm (*cordero asado*), es gibt aber auch Fischgerichte. *Tgl. | Calle Mayor 20 | Tel. 945 62 11 75 | €€–€€€*

EINKAUFEN
In der Altstadt Weinverkauf in einigen *vinotecas* um den Rathausplatz und in den angrenzenden Gassen.

ÜBERNACHTEN

PACHICO MARTÍNEZ
Solides Hotel, ein Stern, faires Preis-Leistungs-Verhältnis. Kein Luxus, aber sauber. *24 Zi. | Calle Sancho Abarca 20 | Tel. 945 60 00 09 | Fax 945 60 00 05 | www.pachico.com | €*

POSADA MAYOR DE MIGUELOA
Altstadtpalais aus dem 17. Jh., durch und durch in rustikalem Stil gehalten mit Mobiliar aus Holz und Wänden aus Bruchstein. Mit Restaurant und Bodega. *8 Zi. | Calle Mayor 20 | Tel. 945 62 11 75 | Fax 945 62 10 22 | www.mayordemigueloa.com | €€*

VILLA DE LAGUARDIA 🐌
Unterhalb des Altstadtplateaus gelegenes Vier-Sterne-Hotel, gediegen und stilvoll. Günstig für Autofahrer ist der große hauseigene Parkplatz. Mit gutem Restaurant, Bar und Bodega. *80 Zi. | Paseo de San Raimundo 15 | Tel. 945 60 05 60 | Fax 945 60 05 61 | www.hotelvilladelaguardia.com | €€€*

FREIZEIT & SPORT
Unterhalb des Ortsplateaus verlockt das kleine Seengebiet *Complejo Lagunar de Laguardia* zu einer Rundwanderung. Wege gibt es, auch eine

kleine Broschüre auf Spanisch im Tourismusbüro, doch vor Ort sind die Pfade noch unausgeschildert.

■ AUSKUNFT ■

Plaza San Juan s/n | Tel. 945 60 08 45 | www.laguardia-alava.com

■ ZIELE IN DER UMGEBUNG ■

BODEGAS YSIOS

In Sichtweite zum Altstadthügel von Laguardia bilden die 2 km außerhalb gelegenen Bodegas Ysios den Gegenpol zum Grün und zur dahinter liegenden Berglandschaft: mit ihrem spektakulären Wellendachdesign von Spaniens Stararchitekt Santiago Calatrava. Im Innern setzen die Weinmacher auf modernstes Know-how, es werden ausnahmslos Spitzentropfen *(reservas)* aus eigenem Anbau produziert. Die rubinroten, samtigen Weine reifen in neuen Eichenholzfässern, zwischen Stapelgittern lagern Hunderttausende Flaschen. *Camino de La Hoya | tgl. 2–3 Führungen (in der Regel Mo–Fr 11,13 und 16 Uhr; Sa/So 11 und 13 Uhr) | Teilnahme an den Führungen nur nach Voranmeldung: Tel. 945 60 06 40 | www.domecqbodegas.com*

DOLMEN

Einige der knapp hundert in Álava gefundenen Dolmen liegen im Umland von Laguardia verstreut; diese vorgeschichtlichen Grabmonumente datieren allesamt aus dem 3. und 4. vorchristlichen Jahrtausend. Die Struktur aus senkrechten Tragsteinen

Dieser Dolmen bei Elvillar wird passenderweise „Hexenhütte" genannt

und einem horizontal aufliegenden Block ist am besten beim Dolmen *La Chabola de la Hechicera* [119 F5] („Hexenhütte") erkennbar; beschilderte Zufahrt Richtung Elvillar, ca. 5 km nordöstlich von Laguardia.

HARO [119 D5]

Bedeutender Weinbauort (12 000 Ew.) gleich hinter der Regionalgrenze zur Rioja, ca. 25 km westlich. Viele alte Adelspaläste zeigen, welch einen Reichtum der Weinhandel von alters her gebracht hat. Rund um die *Plaza de la Paz* lädt die kleine Altstadt zum Streifzug ein. Weinliebhaber zieht es direkt ins Viertel *Barrio de la Estación* mit seinen international bekannten Großkellereien. Interessant sind Führungen durch die *Bodegas Muga (Tel. 941 31 18 25 | www.bodegasmuga.com)* mit einer hauseigenen Fassmacherei; im Regelfall gibt es hier Mo–Fr um 10 Uhr Führungen auf Englisch (Voranmeldung ist unerlässlich).

Insider Tipp

Auf dem Weg nach Haro lohnt sich ein Stopp in *Labastida*, ein Ort, der vom Kirchendoppel Asunción und Santo Cristo beherrscht wird.

Lohn des atemraubenden Aufstiegs zum ☞ Plateau der *Santo-Cristo-Kirche* ist die schöne Aussicht.

LA HOYA [119 F5]

Museum und archäologische Stätte aus der Bronzezeit, etwa 1 km vom unteren Teil Laguardias entfernt (ausgeschildert). Wie die Menschen hier vor 3400 Jahren siedelten, zeigt ein originalgetreuer Hausnachbau im Museum. Hinter einem Wiesengelände liegt das kleine Ausgrabungsareal mit knöchel- und kniehohen Fundamentresten. *Mai–Mitte Okt. Di–Fr 11–14 u. 16–20, Sa 11–15, So 10–14 Uhr, Mitte Okt.–April Di–Sa 11–15, So 10–14 Uhr |* Eintritt frei

Ins Ti

LOGROÑO [120 A6]

Über den Ufern des Ebro liegt 15 km südöstlich von Laguardia die Hauptstadt der Nachbarregion La Rioja. Logroño (140 000 Ew.) ist eine echte Entdeckung und von jeher Station der Jakobspilger auf dem Hauptweg zwischen Pamplona und Burgos. Dies wirft ein Licht auf die Bedeutung der Kirchen, von denen sich die wichtigsten im Stadtkern konzentrie-

▶ DIE QUELLEN DES WEINS
Bodega-Besuche in der Rioja Alavesa

Im weiten Einzugsbereich des Río Ebro nimmt das Weinbaugebiet Rioja Alavesa Teile der Provinz Álava und der benachbarten Rioja ein. Über den Landstrich verteilen sich rund 500 Weingüter, *bodegas,* von denen viele ihre Pforten für Besucher öffnen. Zumeist ist telefonische Voranmeldung erforderlich, die Führungen finden auf Spanisch oder

Englisch statt. Ein Rundgang durch die heiligen Hallen dauert etwa 45–70 Minuten, kostet zwischen 3 und 10 Euro pro Person und endet mit einer im Preis enthaltenen Kostprobe *(cata)*. Im Anschluss ist oft der Bodegashop für den Rotweinkauf geöffnet. Infos mit Routentipps und besuchbaren Bodegas: *www. rutadelvinoderiojaalavesa.com*

ren: die direkt am Jakobsweg gelegene *Iglesia de Santiago,* die Kathedrale *Santa María de la Redonda* mit ihren barocken Zwillingstürmen und die *Iglesia de San Bartolomé* mit ihrem reich dekorierten Portal.

NÁJERA [119 E6]

Riojanischer Jakobswegort (7000 Ew.) mit mittelalterlichen Wurzeln, ca. 20 km südwestlich von Laguardia; wegen der Ebro-Brücke führt die beste Anfahrt über *Lapuebla de La-*

Logroños Treff zum Reden, Trinken, Tapas-Essen: die trubelige Kneipengasse Calle del Laurel

In der City herrscht pralles Leben, vor allem auf dem *Paseo del Espolón,* in der arkadengesäumten Fußgängerzone *Calle de Portales* und in der *Calle del Laurel.* Ebendort, in einer der schönsten spanischen Kneipengassen, stürzt man sich ins Getümmel und zieht von Bar zu Bar. Auf rund 300 m pflegt jede der rund 30 Kneipen ihre ==ureigene Tapas-Spezialität,== und das zu günstigen Preisen. Das Tourismusbüro liegt am *Paseo del Espolón | Tel. 902 27 72 00 | www.lariojaturismo.com.*

barca. Der Besuch in Nájera gilt vornehmlich dem unmittelbar an die Sandsteinfelsen gesetzten Kloster *Santa María la Real* (im Sommer Mo–Sa 10–13 u. 16–19, So 10–12.30 u. 16–18 Uhr; sonst Di–Sa 10–13 u. 16–17.30, So 10–12.30 u. 16–17.30 Uhr), im 11. Jh. von König García gestiftet; sehenswert sind das königliche Pantheon, der „Kreuzgang der Ritter" und die „Wundergrotte" mit einem Marienbildnis. Der Ausflug ist ideal mit dem Besuch von Santo Domingo de la Calzada kombinierbar.

RIOJA ALAVESA ⭐   [119 D–F 5–6]

Die Faszination der Weinbauzonen der Rioja Alavesa erschließt sich am besten bei einer knapp 35 km langen Rundtour, wobei ein fahrbarer Untersatz unerlässlich ist. Ausgangs- und Endpunkt ist Laguardia, kalkulieren Sie Zeit für Besichtigungen ein. Wer sich einer geführten Bodegatour anschließen will, muss rechtzeitig planen und sich anmelden, zum Beispiel in *Elciego* im Spitzenweingut *Marqués de Riscal* (Mo geschl. | Tel. 945 18 08 88 | www.marquesderis cal.com, mit Online-Formular).

Ab Laguardia geht es zunächst südwärts nach *Lapuebla de Labarca* [119 F6], ein herrlicher Auftakt durch Weingärten. Beidseits drängen Reben an den Asphalt heran, eine Senke löst die nächste ab. Überall gedeihen Olivenbäume, Margeriten, Klatschmohn. Lapuebla de Labarca liegt über dem Ebro, im Ort führt ein Abzweig nach *Elciego* [119 E5] – ein weiteres Traumstück durch typisches Weinland! Aus der alten Dorfstruktur von Elciego hebt sich das futuristische Formenspiel der *Bodegas Marqués de Riscal* ab. Unverkennbar hat hier der amerikanische Architekt Frank O. Gehry Hand angelegt und der Traditionsbodega mit ihrem angegliederten Hotel den Anstrich eines Guggenheim-Musems im Kleinformat gegeben. Besuchbar sind in Elciego auch die *Bodegas Domecq* (Carretera de Villabuena 9 | Tel. 945 60 60 01 | www.domecqbodegas. com | Führungen meist Mo–Sa 11

> ## BÜCHER & FILME
> ### Schauplatz Baskenland: Lesens- und Sehenswertes

> **Der Sohn des Akkordeonspielers** – Roman des baskischen Erfolgsautors Bernardo Atxaga um zwei ehemalige Eta-Aktivisten; zu Atxagas weiteren bekannten Titeln zählen „Memoiren einer baskischen Kuh", „Fenster zum Himmel" und „Obabakoak oder Das Gänsespiel"

> **Kulturschock Spanien** – MARCO POLO Autor Andreas Drouve legt ein besonderes Gewicht auf Traditionen und Fiestas aus dem Baskenland, ebenso auf den Eta-Terrorismus

> **Die Heilerin** – Historischer Roman aus den Zeiten der Inquisition, im Mittelpunkt steht die aus den Bergen der Biskaya stammende Heilerin Catalina; Bestseller der baskischen Schriftstellerin Toti Lezea

> **Der bewaffnete Freund** – Der deutsche Romanautor Raul Zelik hat seine Geschichte um Freundschaft und Eta-Terrorismus an wahre Begebenheiten angelehnt

> **Pans Labyrinth** – Die ländliche Welt Nordspaniens und der Faschismus ist eine, die Märchenwelt der jungen Ofelia eine andere Sache; der 2006 mit dem Oscar ausgezeichnete Film von Guillermo del Toro ist eine Mischung aus Drama und Fantasy

> **Sketches of Frank Gehry** – Filmporträt über Frank O. Gehry, den Architekten des Guggenheim-Museums Bilbao. Der Dokumentarstreifen ist ein Werk (2006) von Meisterregisseur Sidney Pollack, ein Freund Gehrys. OmU

ARABA (ÁLAVA)

Uhr) und die *Bodegas Valdelana (Puente Barricuelo 67-69 | Tel. 945 60 60 55 | www.bodegasvaldela na.com | geöffnet meist Mo–Sa 8.30– 13 u. 14.30–18, So 10–14 Uhr).*

Üppige Weingärten säumen den Weg bis *Samaniego* [119 E5], Sitz unter anderem der *Bodegas Baigorri (Carretera Vitoria-Logroño, Km 53 | Tel. 945 60 94 20 | www.bodegasbai gorri.com | Touren meist Di–Sa 11 und 13.30 Uhr).* Wer nicht auf direktem Weg nach Laguardia zurückkehren will, legt ab Samaniego südwestwärts einen lohnenden Abstecher zum *Museo de la Cultura del Vino* ein, einem bei *Briones* [119 D5] gelegenen Weinmuseum *(im Sommer Di–So 10–20, sonst Di–Do u. So 10–18, Fr/Sa 10–20 Uhr | Eintritt 7,50 Euro inkl. kleiner Kostprobe | www.dinastiavivanco.com).*

SANTO DOMINGO
DE LA CALZADA   [118 C6]

Dieses Städtchen (6000 Ew.) am Jakobsweg durch die Rioja war Schauplatz des berühmten mittelalterlichen „Hühnerwunders", bei dem einst ein unschuldig erhängter Bursche am Galgen überlebt haben soll. In der *Kathedrale (Mo–Sa 9.30–13.30 u. 16–18.30 Uhr)* erinnert ein verglaster Hühnerstall mit lebendigem Federvieh an das Geschehen. Besucher werden durch das lohnende *Museum Sakraler Kunst* ins Kircheninnere geschleust. *www.lacalzada.es*

Gleich gegenüber dem Hauptportal der Kathedrale und ihrem 70 m hohen Turm liegt das mittelalterliche Pilgerspital, das zum *Parador-Hotel (61 Zi. | Plaza del Santo 3 | Tel. 941 34 03 00 | Fax 941 34 03 25 |* *www.parador.es | €€€)* umgebaut worden ist; das vorzügliche Restaurant des Paradors *(€€–€€€)* tischt regionale Köstlichkeiten auf.

Turmhoch: die Kathedrale von Santo Domingo de la Calzada am Jakobsweg

> BERGE, TÄLER UND GÄNSEGEIER

Eine abwechslungsreiche grüne Landschaft umgibt die Städte des Baskenlands

Die Touren sind auf dem hinteren Umschlag und im Reiseatlas grün markiert

1 STADT – LAND – FLUSS

Diese Rundtour verbindet die wichtigsten Städte im historischen spanischen Baskenland miteinander: Bilbao, Vitoria, Pamplona, San Sebastián. Unterwegs kommt auch die Landschaft nicht zu kurz. Länge der Route: ca. 400 km; je nach Lust und Laune planen Sie 3–6 Tage ein.
Hinter dem Tieflandbecken Bilbaos erwartet Sie Hügel- und Höhenland,

das den Weg bis Vitoria *(S. 68)* vorgibt. Umgeben von weitläufigen Berg- und Waldlandschaften, setzt sich die Vegetation im Innenstadtbild fort und macht die Hauptstadt des Baskenlands zu einer der grünsten Städte Europas. Sehenswert ist die Altstadt mit gemütlichen Bummelzonen, Restaurants und Museen.

Östlich von Vitoria zieht sich die N-I durch grüne Berg- und Talkulissen bis nach Pamplona (200000 Ew.),

Bild: Pamplona, Plaza del Castillo

AUSFLÜGE & TOUREN

das baskische Iruña. Navarras Hauptstadt breitet sich in einem Vorpyrenäenbecken aus und wird von Neubauringen eingeschnürt. Die Altstadt liegt um den Rathausplatz und die Plaza del Castillo, wo schon Ernest Hemingway das bunte Treiben genoss. Ihn lockte weniger die Kultur als vielmehr die **Fiesta de San Fermín**, Spaniens ausschweifendstes Volksfest (alljährlich 6.–14. Juli), begleitet vom weltberühmten Stiertreiben.

Außerhalb des Juli-Trubels spazieren Sie in Ruhe über die Stadtmauern, durch Gassen, die Zitadelle, den Taconera-Park; Blickfang ist die Kathedrale. Unterkunft in der Altstadt z.B. im *Hotel Eslava (28 Zi. | Plaza Virgen de la O 7 | Tel. 948 22 22 70 | Fax 948 22 51 57 | www.hotel-esla va.com | €)*. Speisen können Sie auf den Spuren Hemingways im *Café Iruña (Plaza del Castillo | Tel. 948 22 20 64 | €–€€)*.

Nördlich von Pamplona beginnt eine schöne Bergstrecke mit Wäldern, Schaf- und Rinderweiden. Auf der N-121-A geht es durch den Tunnel von Velate (Belate), im Flusstal des Bidasoa liegt bei Oronoz das Naturschutzgebiet **Señorío de Bértiz**. In **Bera (Vera) de Bidasoa** finden Sie im

Hotel Churrut (17 Zi. | Plaza de los Fueros 2 | Tel. 948 62 55 40 | Fax 948 62 55 41 | www.hotelchurrut. com | €€–€€€) eine ansprechende Unterkunft, in der sich auch hervorragend speisen lässt.

Auf der Höhe von Irún erreichen Sie die Küste; das nahe **Hondarribia** *(S. 58)* verlockt zu einem Abstecher, den längeren Strand bietet das französische Hendaye. 20 km westlich der Grenze liegt **San Sebastián** *(S. 51)*, das im Glanz seiner Eleganz erstrahlt. Eilige beschließen die Rundtour mit dem 120-km-Autobahnstück bis Bilbao. Wer über wesentlich mehr Zeit verfügt, nimmt hinter Deba eine kurvig-gebirgige Strecke in Angriff und kann bis **Bilbao** *(S. 30)* die gesamte Küstenlinie über Lekeitio und Bermeo abfahren.

2 GRÜNE IDYLLE VALDEREJO

Der im westlichen Baskenland gelegene **Parque Natural de Valderejo** *(S. 79)* beherbergt die größte Gänsegeierkolonie der Region, doch Vogelbeobachtungen sind nicht das einzige Erlebnis. In Lalastra startet eine Wandertour zur Purón-Schlucht („Desfiladero del Purón"). Der Weg ist hin und zurück ca. 11 km lang und bietet keinen alpinen Schwierigkeitsgrad; allerdings entfallen auf die einfache Strecke etwa 300 m Höhendifferenz. Nicht

vergessen: Fernglas, Picknick, gutes Schuhwerk. Wegen des möglichen stärkeren Zulaufs sollten Sie die Wochenenden meiden. Je nach Pausen und Länge der Anfahrt empfiehlt es sich, einen ganzen Tag einzuplanen.

In **Lalastra** *(S. 79)* führt der erste Weg ins **Infozentrum** *(Mo geschl.)* des Naturparks, gleich auf der anderen Seite der Straße beginnt der breite, gut beschilderte „Senda Purón" Richtung Ribera. Dieser „Purón-Weg" führt bald in ein Waldstück hinein und gibt dahinter ☀ einen herrlichen Blick auf das Valderejo-Becken frei, das im satten Grün seiner Weiden erstrahlt und von Kalksteinflanken umkränzt ist. Mit Glück und scharfem Auge sehen Sie in weiter Ferne die ersten Geier; auch das Geisterdorf **Villamardones** und die Einsiedelei **San Lorenzo** (Ziel einer kürzeren Wanderung) sind auszumachen.

Der Weg zieht sich an Kräuterstauden und Ilex vorbei, geht in einen schmalen Pfad durch Kiefernforst über und kreuzt den Bachlauf des Polledo. Farne, von Efeu umrankte Stämme und Steineichen sind Begleiter auf dem Weg nach Ribera, ein verlassenes Dorf mit bemoosten Mauerresten und der Ortskirche auf einem markanten Felssporn. **Ribera** ist nach 3,6 km erreicht, ab dort ist der „Desfiladero del Purón" nach rechts über ein Brückchen ausgeschildert. Hinter einem neuerlichen Absperrgatter (hier ist, wie andernorts auch, Rinderweidegebiet) liegt ein schönes, schattiges Picknickplätzchen, dahinter erwartet Sie ein sanftes Abwärts über weitläufiges Wiesengelände. Hier sollten Sie wieder nach Geiern Ausschau halten, denn die umliegenden Felswände der Berge Santa Ana (1042 m) und Vallegrull (1226 m) sind ihre liebsten Nistplätze. Geier bekommt man übrigens das ganze Jahr über zu sehen.

Auf das Wiesenareal folgt ein schmaler Pfad, der zwischen Blätterdächern hindurch hinein in die Schlucht führt. Deutlich dringt das Rauschen des Río Purón ans Ohr, der über winzige Trassen abfällt. Achten Sie auf einen unscheinbaren steilen Treppenabstieg nach links, der an ein natürliches Flussbecken führt – ein herrliches Plätzchen zur Rast! Baden ist im Naturpark allerdings nicht erlaubt, so reizvoll es an manchen Tagen auch sein mag.

Der eigentliche Schluchtweg führt an Felswänden und Überhängen entlang, bis sich die Schlucht auf einen Schlag verbreitert. Hier ist der schönste Teil vorbei, doch es lohnt sich, ein weiteres Stück abwärts zu gehen. Das Freigelände ist von Buchs und Steineichen durchsetzt, Schmetterlinge tanzen in der Sonne – und vielleicht taucht am Himmel wieder ein Geier auf.

Wendepunkt ist eine beschilderte Pfadkreuzung, an der es links auf den Weg „Santa Ana" und geradeaus aus dem Park hinaus ins bereits zur Provinz Burgos gehörige Örtchen Herrán geht. Der Rückmarsch erfolgt auf demselben Weg, wobei sich in Ribera ein Abstecher hinauf zur ❋ Kirchenruine empfiehlt – dort oben genießen Sie herrliche Ausblicke über das kleine Naturparadies des Valderejo-Parks. Zurück in Lalastra, finden Sie nahe der Kirche ein großes Picknickareal und im Ortszentrum ein einfaches Restaurant.

Parque Natural Valderejo: Zu schade, dass im Río Purón das Baden verboten ist

EIN TAG RUND UM SAN SEBASTIÁN

Action pur und einmalige Erlebnisse.
Gehen Sie auf Tour mit unserem Szene-Scout

BASKISCHES FRÜHSTÜCK

9:00

Die *Pasteleria Presalde* lädt zu einem traditionsreichen Frühstück in modernem Ambiente ein. An einem der kleinen Bistrotische Platz nehmen und die berühmten *macarrones de Azkoitia* (für die Region typische Makronen) oder einen leckeren *churro* (spanischen Donut) bestellen. **WO?** *Pasteleria Presalde* | Calle Mayor 114, Azkoitia | Tel. 943 85 10 71 | www.lasonet.com/presalde

10:30

SUPERMAN-FEELING

Augen zu und durch! Beim Paraboling geht's Kopf voran mit bis zu 100 km/h in die Tiefe. An 600 m langen Drahtseilen stürzen sich Actionfans von der Brücke in Azkoitia per Flaschenzugtechnik in Richtung Erde. **WO?** *Ertz* | Anmeldung mind. 10 Tage im Vorraus unter Tel. 656 72 80 85 | Kosten: ca. 29 Euro bei 5 Personen | www.ertz.net

TAPAS-TOUR

12:30

Hunger? Zusammen mit dem Guide von *A Taste of Spain* geht es jetzt auf Entdeckungsreise durch die Genusswelt des Baskenlandes. In drei bis vier der populärsten Tapas-Bars San Sebastiáns hilft der Experte beim Aussuchen der kleinen Leckereien und erzählt Wissenswertes, Skurriles und Witziges über die Happen. **WO?** *Treffpunkt und Anmeldung unter Tel. 856 07 96 26 | www.atasteofspain.com*

15:00

WELLENREITEN

Die Nordküste Spaniens ist berühmt für ihre tollen Wellen, deswegen heißt es nun am Strand von Zurriola rauf aufs Surfbrett. Keine Angst, das Team von *Groseko Indarra Surf Taldea* steht mit Rat und Tat zur Seite! **WO?** Calle Miracruz 26 | San Sebastián | Anmeldung unter Tel. 695 75 44 71 | Kosten: 30 Euro/Std. | www.grosekoindarra.com

24 h

RÖMISCHES BASKENLAND

17:00

Ein Spezialist des *Museo Romano Oiasso* nimmt Interessierte mit auf eine Zeitreise durch die römische Vergangenheit IVúns. Die Tour führt vorbei an Überresten und Fundstücken der alten römischen Siedlung Oiasso und zur Totenstätte in der vorgelagerten Kapelle von Santa Elena. Dabei bekommen die Teilnehmer Einblicke in die damalige Architektur und Lebensweise **WO?** *Calle Eskoleta 1 | Irún | Anmeldung unter Tel. 943 63 93 53 | Kosten: 5,70 Euro ab 8 Personen | www.oiasso.com*

19:30

ROMANTISCHE ZWEISAMKEIT

Verliebte und Romantikfans schippern nun dem Sonnenuntergang entgegen. Im Zweierkanu aneinanderkuscheln, dem leisen Plätschern der Wellen lauschen und den Augenblick genießen! **WO?** *Gorilla Trip | Marino Tabuyo 11 | Anmeldung unter Tel. 686 11 73 95 | Kosten: 15 Euro | www.gorilla-trip.com*

ESSEN UND GUTES TUN

21:00

Alex Montiel und Inaki Gulin vom Restaurant *La Cuchara de San Telmo* bringen kreative baskische Gerichte auf die Teller. Wie wär's z. B. mit *tempura de bacalao*, Kabeljau mit leichter Panade? Tipp: Im Restaurant werden auch *La-Cuchara-T-Shirts* verkauft. Ein Teil der Einnahmen geht an die wohltätige *Fundación Vicente Ferrer*. **WO?** *Calle de 31 de Agosto | Tel. 934 42 08 40 | www.lacucharadesantelmo.com*

2:00

NIGHTLIFE

Das Nachtleben in der heißesten Location der Stadt beginnt spät, dauert dafür aber umso länger. Das *Bataplán* überzeugt mit futuristischem Design und einer riesigen Outdoor-Chill-out-Area. Tipp: In der Bar *Tas Tas* nach einem VIP-Ticket fragen, das vor 3 Uhr für freien Eintritt sorgt. **WO?** *Disco Bataplan | Paseo de la Conche s/n | Tel. 943 47 36 01 | www.bataplandisco.com. Bar Tas Tas | Calle de Fermin Calbeton*

> ZU WASSER, ZU LANDE UND IN DER LUFT

Wanderer kommen im Baskenland ebenso auf ihre Kosten wie Taucher und Surfer

> **Basken sind begeisterte Sportler – und davon kann sich jeder Auswärtige anstecken lassen. Das Baskenland ist eine Traditionsregion der Surfer mit entsprechend guten Spots. Im Inland gibt es sehr gute Radwandergebiete. Ein Segen für alle Wanderer: In jüngerer Zeit hat die Zahl der beschilderten Wege zugenommen.**

ABENTEUERSPORT

Ob Canyoning *(descenso en cañones)* oder Höhlentrips *(espeleología)*, Klettern *(escalada)* oder Bungeejumping *(puenting)* – die Angebote im Baskenland sind breit gestreut. Zu den Anbietern zählen u.a. *Inguru Abentura (Calle San Juan 18 | Albeniz | Tel. 635 74 89 47 u. 635 74 89 48 | www.inguruabentura.com), Tura (Errotalde 32 | Agurain-Salvatierra | Tel. 945 31 25 35 | www.tura.org), Kulturbide (Calle Barratxi 37, Pab. 20 | Vitoria | Tel. 945 25 63 50 | www.kulturbide.com).* Da die Büros

Bild: Paragliding bei Getxo

SPORT & AKTIVITÄTEN

keine geregelten Öffnungszeiten für Publikumsverkehr haben, empfehlen sich Anfragen per Telefon oder Mail. Links zu weiteren Anbietern (inklusiver Beschreibung der jeweiligen Aktivitäten) unter *www.aktiba.info*.

◼ PARAGLIDING ◼

Zwischen Himmel und Erde gleiten ist im Baskenland problemlos möglich, Paragliding heißt hier *parapente*. Die *Escuela de Vuelo Bidasoa* *(Campa de Errotahar | Barrio de Ibarla | Tel. 609 45 95 95 | www.bida soavuelo.com)* organisiert ebenso Kurse für Anfänger wie *Urruti Sport (José María Soroa 20 | San Sebastián | Tel. 943 27 81 96 | www.urruti.com)* und die *Escuela Vasca de Parapente (Sautoalabarri Auzoa 6-A | Zeberio | Tel. 946 48 05 63 | www.evparapen te.com)*. Richtpreis für einen sechstägigen Anfängerkurs, bei dem man am Ende in die Lüfte steigt: 400 Euro.

RADFAHREN

Radeln in Spanien ist leider nicht uneingeschränkt zu empfehlen: fehlende Radwege, starker Verkehr, rücksichtslose Autofahrer. Im Baskenland jedoch gibt es Städte mit Radwegen und die rühmlichen Ausnahmen der *Vías Verdes*. Diese „Grünen Routen" sind auf historischen Trassen von Schmalspurbahnen eingerichtet worden, u.a. zwischen Vitoria und Puerto de Arlabán *(Vía Verde del Zadorra, 15 km)* sowie zwischen Ortuella und Galdames *(Vía Verde de Galdames, 15 km)*. Etwas länger ist die *Vía Verde Vasco-Navarra 1* von Vitoria zum Tunnel von Laminoria (nahe Ullibarri-Jáuregui, 22 km). Ins benachbarte Navarra reichen die *Vía Verde del Plazaola* (Andoain–Lekunberri, 41 km) und die *Vía Verde Vasco-Navarra 2* (Antoñana–Murieta, 26 km) hinein. Einen guten Überblick über Strecken und Lagen finden Sie unter *www.viasverdes.com*.

In Bilbao, San Sebastián und Vitoria sind Radwege ausgewiesen – eine Besonderheit in Spanien; siehe dazu die Tipps zum kostenlosen Radausleihen in Vitoria *(S. 68)* und Bilbao *(S. 30)*. Übrigens: Offiziell herrscht für Radler in Spanien Helmpflicht.

REITEN

Über die Region verteilen sich zahlreiche Reitcenter, die Reitstunden bzw. Ausritte anbieten. Dazu zählen die *Caballerizas Bikuña (im Ort Bikuña | Tel. 945 31 22 89 | www.caballerizasbikuna.com)*, der *Club Deportivo Hípico Amigos del Caballo (Caserío Olaxarre, Garaioltza Auzoa 184 | Lezama | Tel. 944 55 65 11 |*

http://amigosdelcaballo.biz), der *Club Hípico Mungia (Barrio Iturribaltza 43 | Mungia | Tel. 946 74 53 31 | www.clubhipicomungia.es)* und das *Centro Ecuestre Burdín (San Andrés 31 | Trapagarán | Tel. 656 75 49 81 | www.burdinhorse.com)*. Einen guten Überblick über Reitcenter und ihre Angebote bietet *www.euskalhorse.net/hipica*.

SURFEN

Der Atlantik weist eine ganze Reihe von Stränden für Surfer auf, u.a. die *Playa de Zurriola* in San Sebastián, den langen *Hauptstrand von Zarautz* und kleinere Strände wie *Orio* und *Itzurun* (so heißt der Weststrand von Zumaia). Ein weiterer beliebter Spot ist *Mundaka*.

In San Sebastián bietet *Pukas Surf (Avenida de la Zurriola 24 | Tel. 943 32 00 68 | www.pukassurfskola.com)* Surfkurse für Anfänger und Fortgeschrittene an. In Zarautz ist *Pukas Surf* ebenfalls mit einer Schule *(Lizardi 9 | Tel. 943 89 06 36)* und einem Surfshop *(Nafarroa 4)* vertreten, ansonsten gibt es die *Escuela de Surf de Zarautz (Mendilauta 13 | Tel. 943 89 02 25 | www.zarauzkosurfelkartea.com)*. In Bakio führt der Weg zu *Bakio Surf (San Pelaio Auzoa 18 | Tel. 946 19 58 35 | www.bakiosurf.com)*. Weitere Adressen finden Sie unter *www.euskalsurf.com*.

TAUCHEN

Mit der Hilfe von Tauchschulen können Sie der reichen Flora und Fauna des Atantiks auf den Grund gehen, und mit etwas Glück bekommen Sie Tintenfische, Delphine und sogar die bizarren Mondfische zu sehen. Es

SPORT & AKTIVITÄTEN

gibt Anfängerkurse und Angebote für Fortgeschrittene (inkl. Nachttauchen). Beliebt ist das Areal um den Mausfelsen von Getaria.

Kurse gibt es u. a. bei folgenden Anbietern: in Zarautz bei *Alitan-Sub (Aritzbatalde 2 | Tel. 943 13 26 47 | www.alitan-sub.com)*, in Deba bei *Itxas Jai (Sokagin kalea 7 | Tel. 678 51 72 57 | www.itxasjai.com)*, in Hondarribia bei *Scuba Du (Ramón Iribarren 23 | Tel. 943 64 23 53 | www.divescubadu.com | auch Schnorcheln)*, in Mutriku bei *Buceo Euskadi (Puerto s/n | Tel. 943 19 50 88 | www.buceoeuskadi.com)* und in San Sebastián bei *Buceo Donosti (Camino de Igara 53 | Tel. 943 31 23 13 | www.buceodonosti.com)*.

■ WANDERN

Viele Gemeindeverbünde haben begonnen, eigens für Wanderer erstellte Broschüren herauszugeben; fragen Sie in den Fremdenverkehrsämtern nach *Rutas de Senderismo*. Naturschutzgebiete wie *Valderejo* und *Izki* besitzen gut ausgebaute Wegenetze,

Karten bekommen Sie in den Infozentren der Parks.

Im nordwestlich von Vitoria beginnenden *Naturpark Gorbeia* dient gut trainierten Wanderern das Infozentrum bei Sarria als Ausgangspunkt für eine Gebirgstour auf den 1482 m hohen Gipfel des Gorbeia. Der Aufstieg dauert 3–3,5 Stunden.

Für Wanderer sind auch die unter „Radfahren" beschriebenen „Grünen Routen" *(Vías Verdes)* geeignet und der Jakobsweg *(Camino de Santiago)*, der sich im Baskenland in eine Küsten- und eine Inlandsroute splittet. Allerdings handelt es sich hierbei nicht um die klassische Hauptstrecke – diese verläuft weiter südlich durch Navarra, die Rioja und Kastilien-León. In den Fremdenverkehrsämtern bekommen Sie (falls nicht gerade vergriffen) die auch auf Deutsch vorliegende Broschüre „Der Jakobsweg – Zwei Routen durch das Baskenland", die viele praktische Informationen und detaillierte Streckenbeschreibungen der beiden baskischen Varianten enthält.

> EIN HERZ FÜR DEN NACHWUCHS

Haifischzähne zählen, Wandern, Fahrten in der Zahnradbahn, Hafentour, Nervenprobe in 50 m Höhe

> Traditionsgemäß ist Spanien ein kinderfreundliches Land, da macht das Baskenland keine Ausnahme. Niemand regt sich über den Lärm des Nachwuchses auf, der selten vor 22 Uhr den Weg ins Bett findet. Schließlich beginnen Kindergarten, Vorschule und Schule meist erst um 9 Uhr. In Innenstädten und an Stränden sind in jüngerer Zeit Unsummen in topmodernes Spielgerät wie Klettergerüste und Rutschen geflossen – da dürfen sich Familien mit Kindern bestens empfangen fühlen!

Bild: Aquarium San Sebastián

◼ BILBO (BILBAO)

FUNICULAR DE ARTXANDA   [U E1]

Ein äußerst preiswertes Vergnügen ist die Fahrt mit der Zahnradbahn *(funicular)* auf Bilbaos Hausberg ☀ Artxanda, von dem aus Sie eine schöne Aussicht genießen. Die Fahrt auf der 770 m langen Strecke dauert etwa drei Minuten. Die Bahn startet an der *Plaza Funicular* und schafft maximal 18 km/h. *Mo–Fr 7.15–22, Sa/So 8.15–22 Uhr (im Sommer bis*

MIT KINDERN REISEN

23 Uhr) | *Fahrt 0,86 Euro, Kinder 0,37 Euro*

GIPUZKOA (GUIPÚZCOA)

AQUARIUM SAN SEBASTIÁN [117 D2]

Und der Haifisch, der hat Zähne. Und die kann man durch den Glastunnel des 2,5 Mio. l fassenden Ozeanariums hautnah betrachten – der Höhepunkt im Aquarium von San Sebastián. Ansonsten sehen Sie Rochen und Karettschildkröten, Seepferdchen, Langusten, Muränen – eine bunte, tropische Vielfalt an Fischen. Im Hintergrund sorgen Soundeffekte für Gluckern und Glucksen. Wissenschaftlich trockener geht es in der naturwissenschaftlichen Abteilung mit einem Walskelett, Fossilien und Korallen in Vitrinen zu. *Okt.–Ostern Mo–Fr 10–19, Sa/So 10–20 Uhr, Ostern–Juni u. Sept. Mo–Fr 10–20, Sa/So 10–21 Uhr, Juli/Aug. tgl. 10–21 Uhr | Plaza Carlos Blasco de*

Imaz 1 | San Sebastián | Eintritt 10 Euro, Kinder (4–12 Jahre) 6 Euro | www.aquariumss.com

Insider Tipp **BOOTSTOUREN** [117 D2]

Molen und Möwengekreisch, salziger Wind und ein Hauch von großer, weiter Welt – ein Bootstrip bringt un-

Kinderaugen zum Strahlen bringen? Im Baskenland kein Problem!

verfälscht auf den Meeresgeschmack. Besonders beeindruckend sind die Küstenansichten am klippenbegrenzten Auslauf des Hafenbeckens von Pasai Donibane und an den grünen Abhängen des Monte Jaizkibel. In *Pasai Donibane* ist die *Asociación Itsas-Gela (Euskadi Etorbidea s/n | Tel. 619 81 42 25 |* www.itsasgela.org*)* ansässig, die auf Anfrage Ausfahrten *(paseos en barca)* auf ihrem traditionellen Fischerboot „Buque Escuela Mater" organisiert; das 33 m lange Schiff ist umfangreich umgestaltet und modern ausgerüstet worden. Die Preise hängen von der Ausflugsdauer und der

Gruppengröße ab, mindestens acht Personen müssen teilnehmen. Informationen auch im *Fremdenverkehrsamt Pasai Donibane (Donibane 63 | Tel. 943 34 15 56 |* www.oarsoaldea-turismo.net*)*.

FUNICULAR MONTE IGELDO (IGUELDO) UND PARQUE DE ATRACCIONES [116 C2]

Die beste Möglichkeit, den schönsten Hausberg San Sebastiáns zu erstürmen, bietet die Zahnradbahn *(Funicular)*. Start ist hinter der Playa de Ondarreta an der *Plaza del Funicular.* Auf dem Gipfel des Igeldo gibt es einen kleinen Vergnügungspark *(Parque de Atracciones)*, dessen Öffnungszeiten sich im Laufe des Jahres stark ändern *(Anfang Juni bis Mitte Sept. tgl. 11–21 Uhr, sonst meist nur am Wochenende)*. Die Fahrgeschäfte und Attraktionen kosten im Durchschnitt 1,50–2 Euro, dazu zählen der „mysteriöse Fluss" (Río Misterioso) und das „Labyrinth" (Laberinto).

Die Betriebszeiten der Funicular sind witterungsabhängig und stark schwankend, in der Regel *im Sommer tgl. 10–21 Uhr (Aug. bis 22 Uhr), Mitte März bis Anfang Okt. tgl. 11–20 Uhr, in den Wintermonaten 11–18 Uhr (Jan. weitestgehend geschl.). Einfache Fahrt 1,30 Euro, Hin- und Rückfahrt 2,30 Euro, Kinder bis 7 Jahre 0,90 Euro bzw. 1,30 Euro (Preise inkl. Eintritt ins Gelände des Monte Igeldo), wer mit dem Auto kommt, bezahlt 1,70 Euro pro Person |* www.monteigueldo.es

KAYAKTRIPS [117 D2]

Für Kinder ab acht Jahren (und natürlich auch für Erwachsene) stehen in der Kayakschule von Pasaia Ein-

MIT KINDERN REISEN

zel- und Doppelkayaks zum Ausleihen bereit (24 Euro/Std. inkl. Ausrüstung). Damit lässt sich das Baskenland von der Seeseite her entdecken! *Escuela Pasaia Kayak | Avenida Euskadi Etorbidea, Astilleros Lasa | Trintxerpe/Pasaia | Tel. 943 39 97 53 | pasaiakayak@pasaiakayak.com.* Infos auch im Fremdenverkehrsamt Pasai Donibane (s. „Bootstouren").

ARABA (ÁLAVA)

FESTIVAL INTERNACIONAL DE JUEGOS   [119 E2]

In *Vitoria* verwandeln sich Straßen und Plätze von Mitte bis Ende Juni in einen einzigen Open-Air-Spielplatz: beim „Internationalen Spiele-Festival". Malen, bauen, basteln, Rennwagen flitzen lassen, eine Runde im Festivalbähnchen drehen, Tischtennis spielen – es bleiben keine Wünsche offen, jeder kann mitmachen. Die Aktivitäten dauern zwei Wochen und konzentrieren sich auf Vitorias Zentrum, u.a. die *Plaza de España,* den *Parque de la Florida,* die *Plaza de la Virgen Blanca.* Infos: *www. festivaldejuegos-jolasjaialdia.com*

PARQUE NATURAL DE IZKI   [119 F3-4]

Warum nicht einmal mit (etwas älteren) Kindern auf Wandertour gehen? Im Naturpark Izki bietet sich ab *Korres* eine schöne, 5,3 km lange Strecke ohne nennenswerte Schwierigkeitsgrade an. Ausgangspunkt ist der Ortskern mit seinem *Park-Infocenter,* wo Sie eine Übersichtskarte erhalten. Ab dort geht es um die Kirche herum und weiter auf der gut markierten Route Richtung Antoñana („Senda Antoñana"). Anfangs ist der Weg sehr breit, dann mündet er in einen urwüchsigeren Pfad durch Buchs und Steineichen. Unterhalb des schroffen „Kastellfelsens" *Peña del Castillo* genießen Sie Ausblicke über Berg und Tal. Nach 2,4 km nehmen Sie an einer Gabelung rechts den 1,4 km langen Übergang zum Bujanda-Weg („a Senda Bujanda"). Nun geht es abwärts, bis Sie den breiten Bujanda-Weg erreichen und Korres mit 1,5 km ausgeschildert finden. Auf dem letzten Teilstück liegt der kleine *Stausee Aranbaltza* mit seiner Stau-

Spiel und Spaß unter spanischer Sonne: Was will kind mehr!

mauer zur Linken, vom Abfluss her dringt Rauschen ans Ohr; bis Korres geht es teils eben, teils bergauf voran. Lohn nach all den Wanderstrapazen: eine Rast auf dem ca. 1 km von Korres entfernten *Picknickareal* (Anfahrt in kleiner Schleife Richtung San Román de Campezo), wo Sie fast zwei Dutzend Tische zur Auswahl und einen herrlichen Spielplatz mit Rutschen und Klettergerüsten finden.

> VON ANREISE BIS ZOLL

Urlaub von Anfang bis Ende: die wichtigsten Adressen und Informationen für Ihre Reise ins Baskenland

ANREISE

AUTO

Die klassische Autobahnroute führt über Paris, Orléans, Tours, Poitiers und Bordeaux bis zur französisch-spanischen Grenze bei Irún. Ab Süddeutschland, Österreich und der Schweiz kommen diverse Varianten durch Frankreich in Betracht, z.B. über Lyon–Toulouse–Bayonne oder auf Nebenstrecken über Bourges–Poitiers–Angoulême. Ab Grenzübergang Irún ist die Autobahn nach San Sebastián und Bilbao mautpflichtig.

BAHN

Bahnverbindungen ins baskische Grenzstädtchen Irún führen je nach Ausgangspunkt meist über Paris (Bahnhofswechsel erforderlich, am besten per Metro). Die Strecke Köln–Irún nimmt z.B. knapp 12 Std. in Anspruch. *www.reiseauskunft.bahn.de*

BUS

Die Europabusse der *Deutschen Touring (Tel. 069/790 35 01 | www.touring.de)* fahren regelmäßig ins Baskenland. Beispiel für die Reisedauer: München–Bilbao ca. 24 Std. Aus der Schweiz starten die Busse *Alsa+ Eggmann (www.alsa-eggmann.ch)*.

FLUGZEUG

Maßgeblicher Airport ist der internationale Flughafen von Bilbao, der

PRAKTISCHE HINWEISE

von teuren Linienjets und preiswerten Airlines angeflogen wird. Die kleineren Flughäfen von Vitoria und San Sebastián werden aus Madrid und Barcelona bedient. Sieht man einmal von Sonderaktionen ab und bucht frühzeitig, kann man pro Flugstrecke mit einem realistischen Preis von 100–120 Euro rechnen; bei Online-Buchungen erschließen sich Steuern und versteckte Gebühren nicht immer auf den ersten Blick.

Air Berlin bietet ab zahlreichen deutschen Städten, ab Zürich, Salzburg und Wien Verbindungen nach Bilbao an; im Regelfall geht es via Palma de Mallorca *(Tel. 01805/ 73 78 00 | www.airberlin.com; Tel. 0820/73 78 00 | www.flyniki.com).*

Eine Alternative sind Flüge mit *Ryanair (Tel. 0900/116 06 00 | www. ryanair.com);* ab Frankfurt/Hahn und Düsseldorf/Weeze wird das etwa 110 km nordwestlich von Bilbao gelegene Santander angeflogen.

◼ AUSKUNFT

SPANISCHES FREMDENVERKEHRSAMT
– *Kurfürstendamm 63 | 10707 Berlin | Tel. 030/882 65 43 | Fax 882 66 61 | berlin@tourspain.es*
– *Grafenberger Allee 100 | 40237 Düsseldorf | Tel. 0211/680 39 81 | Fax 680 39 85 | dusseldorf@tour spain.es*
– *Myliusstr. 14 | 60323 Frankfurt/M. | Tel. 069/72 50 38 | Fax 72 53 13 | frankfurt@tourspain.es*
– *Postfach 15 19 40 | 80051 München | Tel. 089/530 74 60 | Fax 53 07 46 20 | munich@tourspain.es*
– *Walfischgasse 8 | 1010 Wien | Tel. 01/512 95 80 | Fax 512 95 81 | viena @tourspain.es*
– *Seefeldstr. 19 | 8008 Zürich | Tel. 044/253 60 50 | Fax 252 62 04 | zu rich@tourspain.es*

◼ AUTO

Strengstens geahndet wird die Handybenutzung am Steuer. Promillegrenze: 0,5. Fahrzeuge dürfen nicht privat abgeschleppt werden, Scheinwerfer und Radio müssen beim Tanken ausgeschaltet sein. Ins Auto gehören zwei Warndreiecke und eine reflektierende Warnweste.

Die Höchstgeschwindigkeit liegt innerorts bei 50 km/h, auf Landstraßen – abhängig von der Beschilderung - bei 90 bzw. 100 km/h, auf Autobahnen bei 120 km/h. Es gibt kostenlose Schnellstraßen *(autovías)* und mautpflichtige Autobahnen *(autopistas)*. Tankstellen an Autobahnen und Schnellstraßen sind nicht teurer als andernorts.

◼ BANKEN & KREDITKARTEN ◼

Banken sind in der Regel Mo–Fr 9–14 Uhr geöffnet. Gängige Kreditkarten sind weit verbreitet, Geldautomaten Standard.

Bei der Bezahlung mit Kreditkarten sollten Sie Pass oder Personalausweis zur Hand haben.

CAMPING

Für Camper stehen im Baskenland knapp 20 Plätze zur Auswahl, die meisten davon in der Küstenregion der Provinz Guipúzcoa (darunter Hondarribia, San Sebastián, Zarautz, Gemeinde Mutriku). Auf manchen Plätzen werden Bungalows und fest installierte Mobil-Homes vermietet. Im Baskenland öffnen die meisten Campingplätze ganzjährig. Infos unter *www.infocamping.com* und *www. campingseuskadi.com* (Seite des baskischen Campingverbands, auch auf Deutsch).

DIPLOMATISCHE VERTRETUNGEN

DEUTSCHE HONORARKONSULATE

– *Calle San Vicente 8 | planta 13 | Edificio Alba | Bilbao | Tel. 944 23 85 85 | Fax 944 24 39 76 | www.madrid.diplo.de (Homepage der Deutschen Botschaft in Madrid mit weiteren Infos)*
– *Calle Fuenterrabía 15 | 3° izquierda | San Sebastián | Tel./Fax 943 42 10 10*

ÖSTERREICHISCHES HONORARKONSULAT

Calle Club 8 | bajo | Las Arenas (Bilbao) | Tel. 944 64 07 63 | Fax 944 63 74 32 | www.bmeia.gv.at

SCHWEIZER KONSULAT

Calle de Telésforo Aranzadi 3-3° B | Bilbao | Tel. 944 70 43 60 | Fax 944 70 44 84 | www.eda.admin.ch

EINREISE

Der Personalausweis reicht. Bei der Einreise aus EU-Ländern findet im Regelfall keine Kontrolle statt.

GESUNDHEIT

In Spanien gilt die Europäische Krankenversicherungskarte (EHIC), ein Anspruch auf freie Arztwahl besteht jedoch nicht. Anlaufstelle für Behandlungen ist das jeweilige örtliche Gesundheitszentrum *(centro de salud)*, in dringenden Fällen die Notaufnahme *(emergencias)* im Hospital. Wer auf Nummer sicher gehen will, schließt zusätzlich eine Reisekrankenversicherung ab. Mit Blick auf die Kostenerstattung ist es wichtig, dass der behandelnde Arzt die Rechnung genau aufschlüsselt; das gilt auch für Medikamente.

INTERNET

– *www.spain.info* (sehr gut gemachte Website des Spanischen Fremdenverkehrsamts; auch auf Deutsch)
– *www.turismoa.euskadi.net* (alles Wissenswerte zum Baskenland; auch auf Deutsch)
– *www.alaplaya.com* (alle baskischen Strände, übersichtlich aufgeführt unter „Playas"; spanisch)
– *www.bilbao.net* (Bilbao; spanisch und englisch)
– *www.donostia.org* (San Sebastián; spanisch, englisch, französisch)
– *www.vitoria-gasteiz.org* (Vitoria; spanisch, französisch, englisch)
– *www.rusticae.es* (kleine, stilvolle Hotels abseits der Hauptrouten; spanisch und englisch)
– *http://caminodesantiago.consumer. es* (Infos zum durchs Baskenland führenden Jakobsweg; spanisch)

INTERNETCAFÉS & WLAN

Internetzentren sind häufig an Telefonzentralen *(locutorios)* angeschlossen. Die Preise schwanken erheblich.

Richtwerte: 30 Minuten 1–1,50 Euro, 1 Stunde 2–3 Euro. *Cyber Café Antxi (Luis Briñas 13 | Bilbao), Ciberteca (José María Escuza 23 | Bilbao | www.ciberteca-bilbao.com), Ciber Networld Donosti (Aldamar 3 | San Sebastián).*

WLAN ist auf Spanisch als Wifi bekannt und wird in Hotels immer öfter als Service angeboten, mitunter kostenlos.

KLIMA & REISEZEIT

Das atlantisch wechselhafte Klima verdankt seine Einflüsse dem Golf von Biskaya und den angrenzenden Pyrenäen. Regen und Niesel sind häufig. Als Reisezeiten empfehlen sich Frühjahr, Sommer und Herbst; im Winter bietet sich Bilbao als Ziel eines Citytrips an. Die Temperaturen des Atlantiks schwappen selbst im Sommer kaum über die 20-Grad-Marke.

MEDIEN

Tagesaktuelle internationale Presse ist nicht allzu oft zu finden. Wer Spanisch kann, greift zu Regionalzeitungen wie „Diario Vasco", die auch eine Informationsquelle für Veranstaltungen und Busfahrpläne sind. In guten Hotels sind meist deutsche Fernsehprogramme zu empfangen.

MIETWAGEN

Autoverleiher sind längst nicht so dicht gestreut wie in südlicheren Gegenden Spaniens. Günstiger als die Miete vor Ort sind Vorausbuchungen, z.B. am internationalen Flughafen von Bilbao, wo mehrere Gesellschaften ihre Büros haben. Angebote auf den Websites der Fluggesellschaften; gute Vergleichsmöglichkeiten z.B. bei Auto Europe *(www.auto europe.de).* Kalkulieren Sie für einen Kleinwagen Wochenpreise ab 110 Euro in der Nebensaison (ab ca. 170 Euro/Hauptsaison), inkl. Haftpflichtversicherung, Freikilometer und Steuern.

NOTRUFE

Allgemeine Notfälle: *112*
Städtische Polizei: *092*

WAS KOSTET WIE VIEL?

> SOUVENIR	**AB 8 EURO**	für eine Baskenmütze
> KAFFEE	**AB 1 EURO**	für einen kleinen Milchkaffee *(cortado)*
> WEIN	**CA. 1 EURO**	für ein Glas Landwein
> WURST	**AB 60 CENT**	für 100 g *chorizo*
> BENZIN	**UM 92 CENT**	für 1 l Super bleifrei
> BUSFAHRT	**8–9 EURO**	für 100 km Überlandfahrt

ÖFFENTLICHE VERKEHRSMITTEL

Im Baskenland ist das Busnetz hervorragend ausgebaut, alleine auf einer Strecke wie Bilbao–Vitoria gibt es Mo–Fr über 30 Verbindungen (Sa/So etwas weniger). Die Buspreise sind niedriger als die der Bahn und die Verbindungen meist häufiger. In jedem größeren Ort ist eine zen-

trale Bushaltestelle bzw. ein Bus-
bahnhof *(estación de autobuses)* zu
finden.

Bei den Zügen unterscheidet man
die normalen Renfe-Züge *(www.
renfe.es | Reservierungen und Info-
Tel. 902 24 02 02)* und die Schmal-
spurbahn Feve *(www.feve.es | Info-
Tel. 944 25 06 15)*; die Bahnhöfe heißen entweder *estación de Renfe* oder
estación de Feve.

■ÖFFNUNGSZEITEN

Geschäfte sind gemeinhin *Mo–Sa
9.30/10–13.30/14* sowie *16.30–20
Uhr* geöffnet, große Supermärkte
(hipermercados) am Stadtrand *Mo–
Sa 10–22 Uhr.* Behörden haben zumeist Mo–Fr 9–14 Uhr geöffnet.
Montags sind die allermeisten wichtigen Museen geschlossen.

Die Öffnungszeiten der Touris-
musbüros wechseln stark und hängen
von der Reisezeit ab. In der Haupt-
saison kann man von folgenden Zeiten ausgehen: *Mo–Sa 9.30/10–13.30/
14 u. 16.30/17–19.30 Uhr,* So im Regelfall nur vormittags.

■POST

Postämter in größeren Städten sind
*Mo–Fr 8/8.30–20.30, Sa 8/8.30–14
Uhr* geöffnet. Briefe bis 20 g und
Postkarten in EU-Länder sowie in
die Schweiz brauchen nur wenige
Tage Laufzeit, das Porto (gegenwär-
tig 62 Cent) steigt immer zu Jahres-
beginn. Briefmarken sind in Postäm-
tern und in Tabakläden *(tabacos)* erhältlich.

■PREISE & EINTRITT

Das Baskenland zählt zwar zu den
touristen Regionen Spaniens, doch
die öffentlichen Verkehrsmittel sind
z.B. deutlich preiswerter als daheim.
Wo Hotel- und Restaurantpreise aufgeführt werden, ist meistens kleinge-

WETTER IN BILBAO

Jan.	Feb.	März	April	Mai	Juni	Juli	Aug.	Sept.	Okt.	Nov.	Dez.
12	14	15	16	20	22	25	25	24	21	16	13

Tagestemperaturen in °C

5	6	6	8	10	13	15	15	14	11	8	7

Nachttemperaturen in °C

2	3	4	4	5	6	6	6	5	4	3	2

Sonnenschein Std./Tag

14	13	12	13	12	8	6	7	8	10	12	13

Niederschlag Tage/Monat

12	12	12	12	14	16	19	20	19	17	15	13

Wassertemperaturen in °C

druckt vermerkt, dass der 7-prozentige Mehrwertsteueraufschlag *Iva* hinzukommt.

In gängigen Museen bezahlt man 2,50–5 Euro Eintritt, einige besondere Museen, wie das Guggenheim- und das Chillida-Museum, sind deutlich teurer. Gegen Vorlage des Ausweises gibt es oft Nachlässe für Rentner *(jubilados)* und Studenten *(estudiantes)*.

SICHERHEIT

Im Baskenland ist die Kriminalitätsrate vergleichsweise gering, das Unterwegssein nicht „gefährlicher" als daheim. Wo viele Menschen zusammenströmen, sind Taschendiebstähle allerdings nie auszuschließen. Auch Autoknacker treiben ihr Unwesen, wobei es die meisten auf im Wagen hinterlassene Wertgegenstände abgesehen haben. Wertsachen gehören in den Hotelsafe, der meist eine kleine Extragebühr kostet.

TELEFON & HANDY

Bei Auslandsgesprächen wählen Sie die Vorwahl 00, dann die Landeskennzahl (Deutschland 49, Österreich 43, Schweiz 41), die Ortsvorwahl ohne 0 und die Teilnehmernummer. Die Vorwahl nach Spanien ist 0034, danach wählen Sie die komplette Rufnummer, eine innerspanische Vorwahl gibt es nicht.

Kostenintensivere „Servicenummern", bei denen man oft lange in der Warteschleife hängt, beginnen mit 902; spanische Handynummern erkennt man an der 6 zu Beginn.

Öffentliche Telefónica-Zellen benutzt man am besten nicht mit Münzen (die verschwinden mitunter,

ohne dass Sie telefoniert haben), sondern mit Telefonkarten *(tarjetas telefónicas)*. Diese Karten zu 6 und 12 Euro sind in Tabakläden erhältlich.

Handys sind komplikationslos benutzbar, das Roaming sollte dem offiziellen EU-Tarif entsprechen. In Spanien gibt es die Möglichkeit, von Anbietern wie Amena und Orange Prepaid-Karten zu kaufen, z. B. in den Filialen von *The Phone House.* Infos auch unter *www.teltarif.de.*

TRINKGELD

Im Restaurant geben zufriedene Gäste 5–10 Prozent, in Kneipen rundet man den Betrag allenfalls ein wenig auf. Das Zimmerpersonal im Hotel wird sich über 1 Euro pro Tag freuen. Ein Trinkgeld für Taxifahrer ist nicht üblich.

UNTERKUNFT

Auswahl von der einfachen Pension *(pensión)* über den Gasthof *(hostal)* bis zu Hotels, die mit einem bis fünf Sternen klassifiziert sind. In baskischen Städten decken Hotelketten wie Barceló *(www.bchoteles.com)* und NH *(www.nh-hotels.com)* gehobene Ansprüche ab, in der Provinz sind Landhäuser *(casas rurales)* populär. Die Zimmerpreise beinhalten meist kein Frühstück.

ZOLL

Innerhalb der EU dürfen Sie Waren für den persönlichen Gebrauch frei ein- und ausführen, u.a. 800 Zigaretten, 10 l Spirituosen und 90 l Wein. Für Schweizer gelten geringere Freimengen, u.a. 1 l Spirituosen, 200 Zigaretten. *www.zoll.de* und *www.ezv. admin.ch*

„Sprichst du Spanisch?" Dieser Sprachführer hilft Ihnen,
die wichtigsten Wörter und Sätze auf Spanisch zu sagen

Aussprache

c	vor „e" und „i" stimmloser Lispellaut stärker als engl. „th"
ch	stimmloses „tsch" wie in „tschüss"
g	vor „e, i" wie deutsches „ch" in „Bach"
gue, gui/que, qui	das „u" ist immer stumm, wie deutsches „g"/„k"
j	immer wie deutsches „ch" in „Bach"
ll, y	wie deutsches „j" zwischen Vokalen. Bsp.: Mallorca
ñ	wie „gn" in „Champagner"

■ AUF EINEN BLICK

Ja./Nein.	Sí./No.
Vielleicht.	Quizás./Tal vez.
In Ordnung./Einverstanden!	¡De acuerdo!/¡Está bien!
Bitte./Danke.	Por favor/Gracias.
Vielen Dank!	Muchas gracias.
Gern geschehen.	No hay de qué./De nada.
Entschuldigung!	¡Perdón!
Wie bitte?	¿Cómo dice/dices?
Ich verstehe Sie/dich nicht.	No le/la/te entiendo.
Ich spreche nur wenig …	Hablo sólo un poco de …
Können Sie mir bitte helfen?	¿Puede usted ayudarme, por favor?
Ich möchte …	Quiero …/Quisiera …/Me gustaría …
Das gefällt mir (nicht).	(No) me gusta.
Haben Sie …?	¿Tiene usted …?
Wie viel kostet es?	¿Cuánto cuesta?

■ KENNENLERNEN

Guten Morgen!	¡Buenos días!
Guten Tag!	¡Buenos días!/¡Buenas tardes!
Guten Abend!	¡Buenas tardes!/¡Buenas noches!
Hallo! Grüß dich!	¡Hola! ¿Qué tal?
Ich heiße …	Me llamo …
Wie ist Ihr Name, bitte?	¿Cómo se llama usted, por favor?
Wie geht es Ihnen/dir?	¿Cómo está usted?/¿Qué tal?
Danke. Und Ihnen/dir?	Bien, gracias. ¿Y usted/tú?
Auf Wiedersehen!	¡Adiós!
Tschüs!	¡Adiós!/¡Hasta luego!
Bis morgen!	¡Hasta mañana!

SPRACHFÜHRER SPANISCH

UNTERWEGS

links/rechts	a la izquierda/a la derecha
geradeaus	todo seguido/derecho
nah/weit	cerca/lejos
Wie weit ist das?	¿A qué distancia está?
Können Sie mir sagen,	¿Podría decirme cómo se va a …?
wie ich nach …komme?	
Überqueren Sie …	Atraviese …
… die Brücke.	… el puente.
… den Platz.	… la plaza.
… die Straße.	… la calle.
Bitte, wo ist …	Perdón, ¿dónde está …
… die U-Bahn?	… el metro?
… die Haltestelle?	… la parada?
An der Ampel …	Al semáforo …
An der nächsten Ecke …	An la primera esquina …
Zum …Hotel.	Al hotel …
Halten Sie bitte hier.	Pare aquí, por favor.

SCHILDER UND INFORMATIONEN — CARTELES E SEN ALES

Ausgang, Ausstieg	la salida
Ausstellung	la exposición
besetzt	ocupado
Besichtigung	la visita
Damen	señoras
Eingang, Einstieg	la entrada, la subida
Eintrittskarte	la entrada, el billete
Fahrkarte, Ticket	el billete
Fahrplan	el horario
frei	libre
Gebäude	el edificio
geöffnet	abierto
geschlossen	cerrado
Gleis	el andén
Herren	caballeros
Kasse	la caja
kein Trinkwasser	agua no potable
Kinder	niños
Kirche	la iglesia
Spielplatz	el parque infantil

(Stadt-)Plan	el mapa
Toilette, Waschraum	el lavabo, los servicios, el baño
Zuschlag	el suplemento

▪ ESSEN/UNTERHALTUNG

Reservieren Sie uns bitte für heute Abend einen Tisch für vier Personen.	¿Puede reservarnos para esta noche una mesa para cuatro personas?
Auf Ihr Wohl!	¡Salud!
Die Speisekarte, bitte.	La carta, por favor.
Könnte ich bitte … haben?	¡Tráigame … , por favor!
… ein Messer …	… un cuchillo …
… eine Gabel …	… un tenedor …
… einen Löffel …	… una cuchara …
… Salz …/… Pfeffer …	… la sal …/… la pimienta …
Bezahlen, bitte.	¡La cuenta, por favor!
Das Essen war ausgezeichnet.	La comida estaba excelente.
Haben Sie einen Veranstaltungskalender?	¿Tiene usted un programa de espectáculos?

▪ EINKAUFEN

Wo finde ich …	Por favor, ¿dónde hay …
… eine Apotheke?	… una farmacia?
… eine Bäckerei?	… una panadería?
… ein Fotogeschäft?	… una tienda de artículos fotográficos?
… ein Einkaufszentrum?	… un centro comercial?
… ein Lebensmittelgeschäft?	… una tienda de comestibles?
… den Markt?	… el mercado?

▪ ÜBERNACHTUNG

Können Sie mir bitte … empfehlen?	Perdón, señor/señora/señorita. ¿Podría usted recomendarme …
… ein Hotel…	… un hotel?
… eine Pension…	… una pensión?
Ich habe ein Zimmer reserviert.	He reservado una habitación.
Haben Sie noch …	¿Tienen ustedes …?
… ein Einzelzimmer?	… una habitación individual?
… ein Doppelzimmer?	… una habitación doble?
… für eine Nacht?	… para una noche?
… für eine Woche?	… para una semana?
… ein ruhiges Zimmer?	… una habitación tranquila?
Was kostet das Zimmer mit …	¿Cuánto cuesta la habitación con …
… Frühstück?	… desayuno?
… Halbpension?	… media pensión?

> www.marcopolo.de/baskenland-bilbao

SPRACHFÜHRER

ARZT

Können Sie mir einen guten Arzt empfehlen?	¿Puede usted indicarme un buen médico?
Mir ist schlecht	Me siento mal.
Ich habe hier Schmerzen.	Me duele aquí.
Ich habe …	Tengo …
… Kopfschmerzen.	… dolor de cabeza.
… Zahnschmerzen.	… dolor de muelas.
… Durchfall.	… diarrea.
… Fieber.	… fiebre.

INTERNET

Internetzugang	acceso a internet
Internetcafé	cibercafé
WLAN	Wifi

POST

Was kostet …	¿Cuánto cuesta …
… ein Brief …	… una carta …
… eine Postkarte …	… una postal …
… nach Deutschland?	… para Alemania?
Eine Briefmarke, bitte.	Un sello, por favor.

0	cero	19	diecinueve
1	un, uno, una	20	veinte
2	dos	21	veintiuno, -a, veintiún
3	tres	22	veintidós
4	cuatro	30	treinta
5	cinco	40	cuarenta
6	seis	50	cincuenta
7	siete	60	sesenta
8	ocho	70	setenta
9	nueve	80	ochenta
10	diez	90	noventa
11	once	100	cien, ciento
12	doce	200	doscientos, -as
13	trece	1000	mil
14	catorce	2000	dos mil
15	quince	10000	diez mil
16	dieciséis		
17	diecisiete	1/2	medio
18	dieciocho	1/4	un cuarto

Das Küstendorf Ea

> UNTERWEGS IM BASKENLAND

Die Seiteneinteilung für den Reiseatlas finden Sie auf
dem hinteren Umschlag dieses Reiseführers

REISE
ATLAS

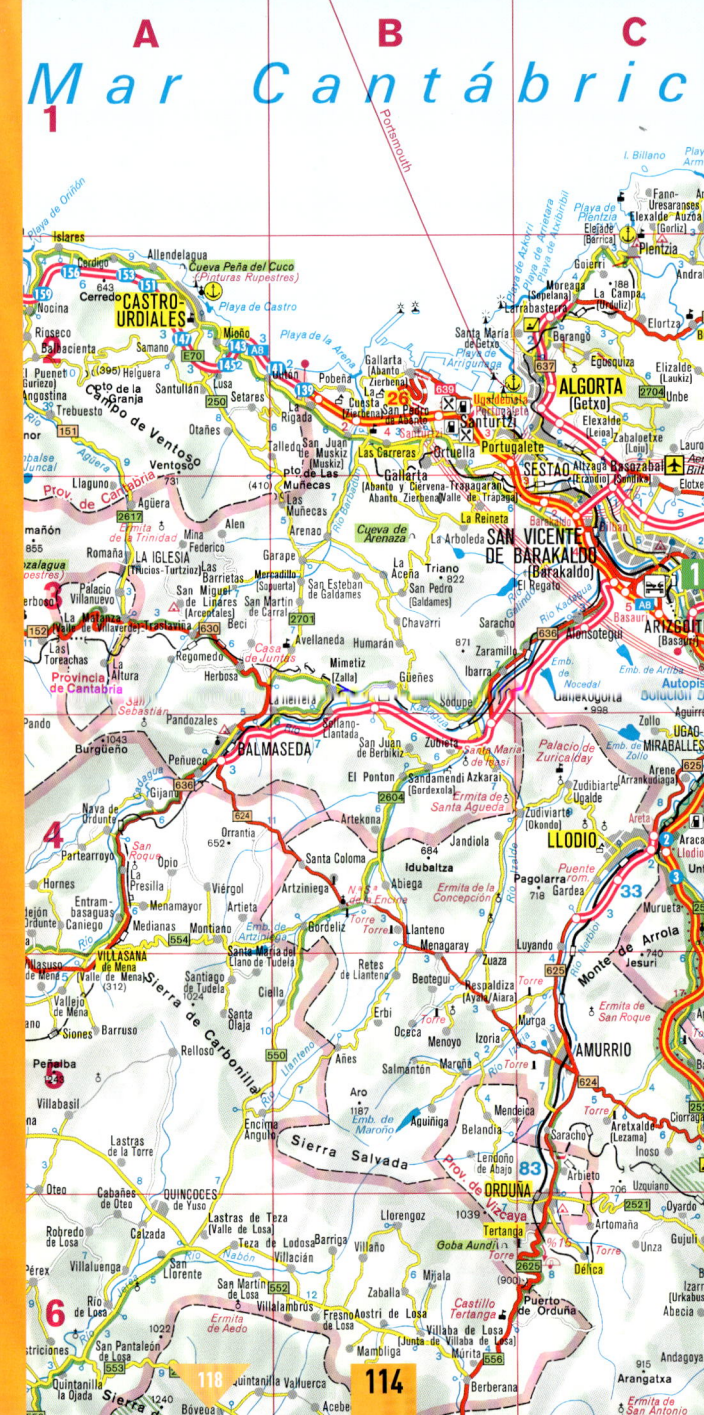

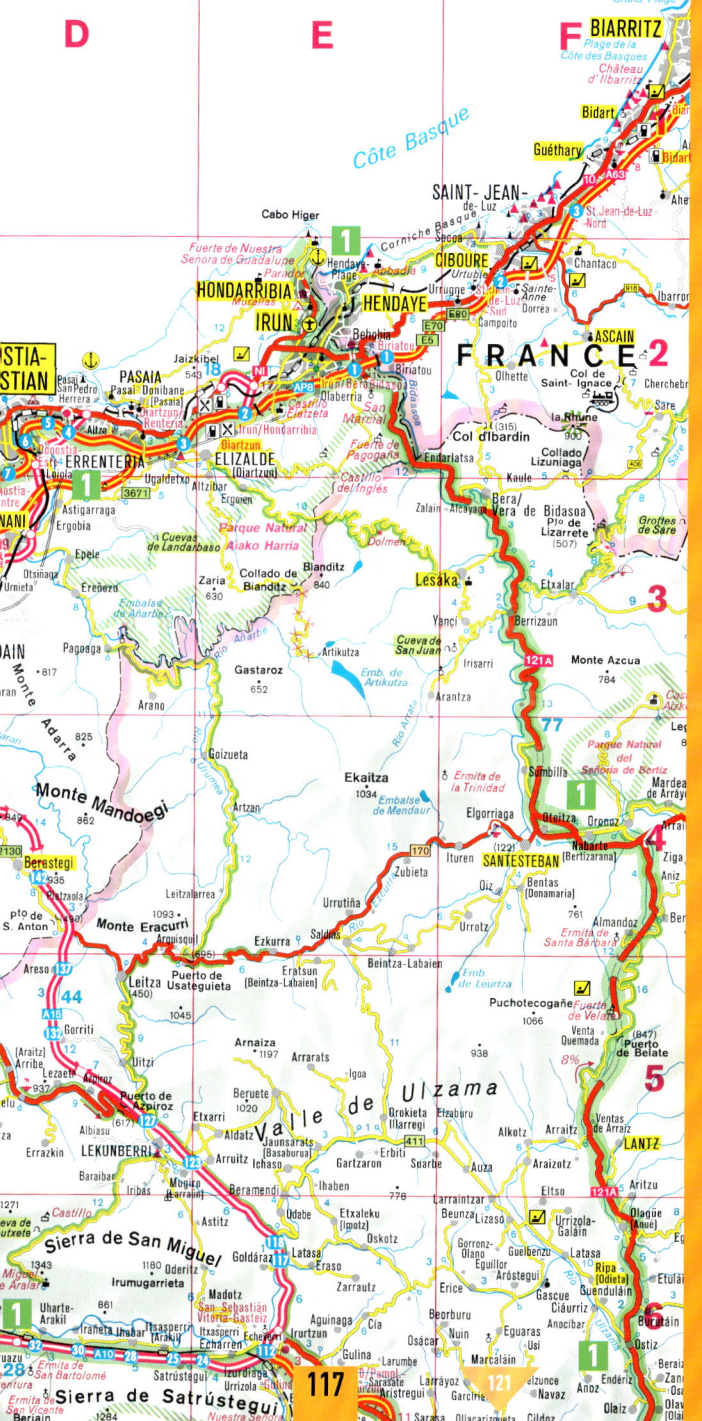

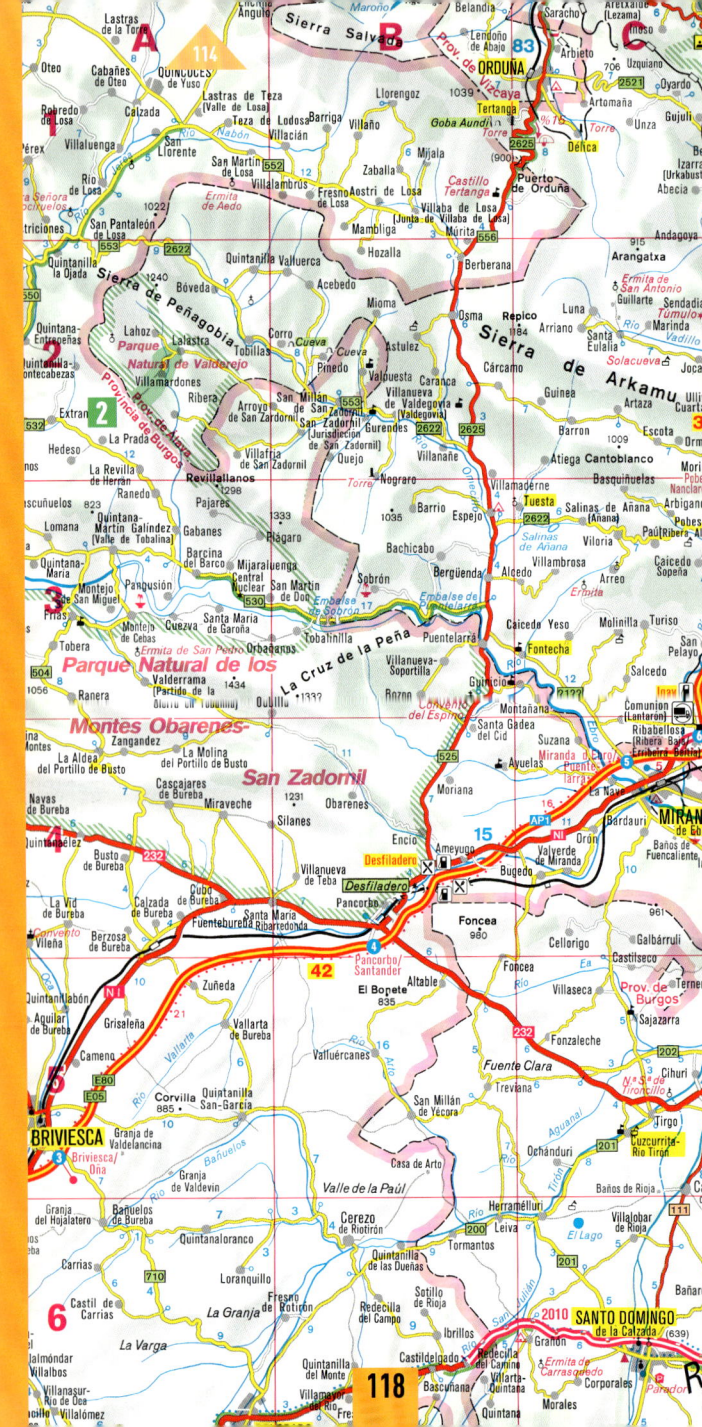

121

KARTENLEGENDE

Autobahn mit Anschlussstelle - Mautstelle	Horb 14 Datum/Date	Motorway with junction - Toll
Autobahn in Bau - geplant		Motorway under construction - projected
Tankstelle - Rasthaus - mit Motel	La Macchia	Filling station - Restaurant - with motel
Vierspurige Straße - in Bau		Road with four lanes - under construction
National- oder Staatsstraße - in Bau		Trunk road - under construction
Wichtige Hauptstraße - in Bau		Important main road - under construction
Hauptstraße – Nebenstraße		Main road - Secondary road
Fahrweg - Fußweg		Practicable road - Foothpath
Passstraße mit Wintersperre - Steigung	X-IV 10%	Mountain pass closed in winter - Gradient
Für Wohnwagen nicht empfehlenswert - gesperrt		Not suitable for caravans - closed
Gebührenpflichtige Straße - Für Kfz gesperrt		Toll road - Road closed for motor traffic
Hauptbahn mit Bahnhof - Nebenbahn		Main railway with station - Other railway
Eisenbahn (Güterverkehr) - Autoverladung		Railway (freight haulage) - Railway ferry for cars
Zahnradbahn - Seilbahn - Sessellift		Rack-railway - Cable lift - Chair lift
Autofähre - Schifffahrtslinie		Car ferry - Shipping route
Flughafen - Regionalflughafen - Flugplatz - Segelflugplatz		Airport - Regional airport - Airfield - Gliding field
Besonders sehenswerter Ort	DONOSTIA	Place of particular interest
Besondere Natursehenswürdigkeit	Grotta d. Vento	Natural object of particular interest
Sonstige Sehenswürdigkeit	✳ Cittadella	Other objects of interest
Landschaftlich schöne Strecke		Scenic road
Touristenstraße	Camino de Santiago	Tourist route
Nationalpark, Naturpark - Aussichtspunkt		National park, nature park - Viewpoint
Botanischer Garten, sehenswerter Park - Zoologischer Garten		Botanical gardens, interesting park - Zoological garden
Burg, Schloss für Besucher zugänglich - Ruine		Castle open to public - Ruin
Sonstige Burg, Schloss - Kirche - Kloster - Ruinen		Other castle - Church - Monastery - Ruins
Turm - Funk- oder Fernsehturm		Tower - Radio- or TV tower
Denkmal - Leuchtturm		Monument - Lighthouse
Golfplatz - Jachthafen		Golf-course - Marina
Hotel, Motel, Gasthaus - Berghütte - Feriendorf		hotel, motel, inn - Mountain hut - Tourist colony
Campingplatz - Jugendherberge		Camping - Youth hostel
Strandbad - Schwimmbad - Heilbad		Bathing place - Swimming pool - Spa
Staatsgrenze		State boundary
Grenzkontrollstelle international - mit Beschränkung		International check-point - Check-point with restrictions
Verwaltungsgrenze - Sperrgebiet		Administrative boundary - Restricted area
Ausflüge & Touren		Excursions & tours

REGISTER

In diesem Register sind alle in diesem Reiseführer erwähnten Orte, Ausflugsziele und Strände (playas) sowie einige wichtige Museen verzeichnet. Halbfette Seitenzahlen verweisen auf den Haupteintrag, kursive auf ein Foto.

> *www.marcopolo.de/baskenland-bilbao*

SCHREIBEN SIE UNS!

Liebe Leserin, lieber Leser,

wir setzen alles daran, Ihnen möglichst aktuelle Informationen mit auf die Reise zu geben. Dennoch schleichen sich manchmal Fehler ein – trotz gründlicher Recherche unserer Autoren/innen. Sie haben sicherlich Verständnis, dass der Verlag dafür keine Haftung übernehmen kann.

Wir freuen uns aber, wenn Sie uns schreiben.

Senden Sie Ihre Post an die MARCO POLO Redaktion, MAIRDUMONT, Postfach 31 51, 73751 Ostfildern, info@marcopolo.de

IMPRESSUM

Titelbild: Guggenheim-Museum, Bilbao (Huber: Lubenow)

Fotos: A Taste of Spain: Miguel Ullibarri (92 M. l.); Bataplán Disco: Dani Blanco (93 u. r.); Bilboko Kafe Antzokia: Beñat Urbeltz (13 o.); A. Drouve (47, 60, 77, 79, 81, 83, 91, 126); Ertz S.L.: Gerarta Arotzena Otxotorena (92 M. r.); © fotolia.com: Valery Sibrikov (15 M.), David Smith (93 M. l.); R. M. Gill (U. M., 2 l., 23, 34, 85, 87, 88/89, 101); B. Göttlicher (22, 26, 28, 29, 30/31, 70, 73, 75, 98/99); HB Verlag: Huber (3 l., 97); Huber: Gräfenhain (5, 66), Leimer (42/43), Lubenow (1), Schmid (U. l., 68/69), Giovanni Simeone (50/51); Ikastolen Elkartea: Patxi Pelaez (12 u.); ION FIZ BILBAO: Ugo Camera (14 o.); © iStockphoto.com: alain cassiede (92 u. r.), Kevin Corcoran (93 M. r.), Audi Dela Cruz (92 o. l.), Brianna may (93 o. l.), Simon Oxley (15 o.), Joan Vicent Cantó Roig (13 u.); Laif: Gonzales (48), Hemis (63); D. Renckhoff (4 l., 59); San Sebastian Horror & Fantasy Film Festival: Iñigo Royo (14 u.); Maider Sanchez (12 o.); T. Stankiewicz (3 M., 65, 112/113); TROKA ABENTURA, S.L.– GORLIZ ATERPETXEA: Jabier Fuertes Udaondo (15 u.); White Star: Gumm (2 M., 3 r., 4 r., 8/9, 16/17, 19, 22/23, 24/25, 27, 28/29, 32, 37, 38, 41, 52, 55, 57, 94/95, 100), Steinert (U. r., 6/7, 11, 44, 58)

2., aktualisierte Auflage 2009

© MAIRDUMONT GmbH & Co. KG, Ostfildern
Chefredaktion: Michaela Lienemann, Marion Zorn
Autor: Andreas Drouve; Redaktion: Arnd M. Schuppius
Programmbetreuung: Jens Bey, Silwen Randebrock; Bildredaktion: Gabriele Forst
Szene/24h: wunder media, München
Kartografie Reiseatlas: © MAIRDUMONT, Ostfildern
Innengestaltung: Zum goldenen Hirschen, Hamburg; Titel/S. 1–3: Factor Product, München
Sprachführer: in Zusammenarbeit mit Ernst Klett Sprachen GmbH, Stuttgart, Redaktion PONS Wörterbücher
Das Werk einschließlich aller seiner Teile ist urheberrechtlich geschützt. Jede urheberrechtsrelevante Verwertung ist ohne Zustimmung des Verlages unzulässig und strafbar. Das gilt insbesondere für Vervielfältigungen, Übersetzungen, Nachahmungen, Mikroverfilmungen und die Einspeicherung und Verarbeitung in elektronischen Systemen.
Printed in Germany. Gedruckt auf 100% chlorfrei gebleichtem Papier

Andreas Drouve lebt seit Mitte der 90er-Jahre in Nordspanien und ist als freier Autor und Journalist ständig auf Achse.

Wieso leben Sie in Spanien?

Es bereichert sicher immer, in einem fremden Kulturkreis zu leben. Seit Beginn meiner Zeit in Spanien ging es allerdings darum, als freiberuflicher Autor Reportagen und Bücher zu schreiben. Das hatte ich auch vorher schon gemacht, aber nun verstärkt. Mittlerweile sind es über 70 Kultur- und Reisebücher geworden.

Das klingt nach guter Auftragslage ...

Ja, die Auftragslage ist wirklich gut. Ich dachte schon, Sie fragen „Und vom Schreiben können Sie leben?" Das fragt mich nämlich fast jeder, wenn das Gespräch darauf kommt.

Und was fasziniert Sie gerade am Baskenland?

Ich mag einfach den rauen Atlantik, den Seewind, die wenig frequentierten Strände, das frische Grün im Hinterland, die Wiesen und Wälder, die Fischküche. Tintenfische in der eigenen Tinte – das ist eines meiner Leibgerichte! Natürlich mag ich auch die Menschen, obwohl manche Basken schroff sind wie eine Klippe. Gut zu wissen, dass es hinter der rauen Schale oft ganz anders aussieht – doch diese Schale muss man erst einmal knacken. Außerdem sorgt das Unberührte, das Unentdeckte, das längst nicht hinlänglich Beschriebene im Baskenland für Reiz. Manche Naturparks und Fiestas kennen nicht einmal die Spanier selber, die in den Nachbarregionen wohnen.

Sprechen Sie Spanisch?

Na klar. Spanisch hatte ich schon als Abiturfach und habe es, neben Germanistik und Völkerkunde, studiert.

Was mögen Sie in Ihrer Wahlheimat nicht so?

Den Stierkampf, wie fast alle Ausländer. Im Alltag ist die gesetzliche Krankenversorgung katastrophal und oft mit langen Wartezeiten verbunden. Auf einen Arzttermin für meine kleinste Tochter haben wir ein halbes Jahr warten müssen. Apropos Krankheit: Auch im Baskenland muss man sich mit wuchernder Bürokratie und Beamtentum herumschlagen. Da hört der südländische Spaß auf.

Fahren Sie regelmäßig nach Deutschland?

Nicht regelmäßig, aber immer wieder und gerne. Familie und Freunde sind dort, manchmal halte ich Vorträge. Außerdem ist und bleibt Deutsch meine Muttersprache – und die kommt im spanischen Alltag zu kurz.

10 € GUTSCHEIN
für Ihr persönliches Fotobuch*!

Gilt aus rechtlichen Gründen nur bei Kauf des Reiseführers in Deutschland und der Schweiz

SO GEHT'S: Einfach auf www.marcopolo.de/fotoservice/gutschein gehen, Wunsch-Fotobuch mit den eigenen Bildern gestalten, Bestellung abschicken und dabei Ihren Gutschein mit persönlichem Code einlösen.

Ihr persönlicher Gutschein-Code: mp6ymc9fu9

Erlebe Deine Bilder!

Zum Beispiel das MARCO POLO
FUN A5 Fotobuch für 7,49 €.

www.marcopolo.de/fotoservice/gutschein

Ein paar nützliche Verhaltensregeln und Vorsichtsmaßnahmen

Bedenkenlos abdampfen

Eingefleischten Glimmstänglern weht der Gesetzeswind entgegen, denn das Rauchen ist nicht mehr überall erlaubt. Bars und Restaurants machen per Aushang deutlich, ob Rauchen gestattet („Se permite fumar") oder verboten („Fumar prohibido") ist. In öffentlichen Gebäuden ist das Rauchen offiziell untersagt. Manche Hotels haben sich komplett gegen die Raucherschaft entschieden, andere bieten Raucherzimmer an. Bei der Hotelbuchung sollten sich Nikotinfreunde tunlichst danach erkundigen.

Ungewollt einen „Club" aufsuchen

Wer den Schildern zu einem „Club" folgt, liegt falsch, hier einen Nacht- oder Tanzclub zu vermuten. Ein „Club" ist schlichtweg ein Bordell. Die meisten dieser Etablissements liegen an Stadt- rändern oder Schnellstraßen.

Geblitzt werden

Wer als Ausländer mit dem Auto in eine Radarfalle rast und gestoppt wird, muss sofort bar bezahlen. Als „Garantie", so heißt es seitens der Polizei lapidar, obgleich man natürlich offiziell Beschwerde einlegen könne. Fazit: Das Geld ist auf jeden Fall weg.

Blitzen

In den meisten Monumenten und Museen ist das Fotografieren mit Blitz untersagt. Im Guggenheim-Museum in Bilbao und im Artium in Vitoria herrscht sogar generelles Fotografierverbot – und darüber wacht reichlich Personal.

Immobilienrisiken eingehen

Übervater Staat darf in Spanien enteignen, sofern ein öffentliches Interesse besteht. Dieser Passus ist sehr dehnbar und wird oft ausgenutzt. Wer an der falschen Stelle eine Immobilie kauft, ist sie im Zuge eines Autobahn- oder Bahnstreckenbaus oder einer sonstigen Erschließungsmaßnahme rasch wieder los. Die Gelder, die an die Geschädigten fließen, sind kaum der Rede wert.

Getrennt bezahlen

Kneipiers und Kellner sind es nicht gewohnt, all die Häppchen und Weine von jedem Einzelnen zu kassieren. Eine Gesellschaft aus mehreren Leuten bekommt am Ende des Abends eine gemeinsame Rechnung. Jeder hat vorher denselben Anteil in eine gemeinsame Kasse gegeben, ohne nun den individuellen Verzehr haarklein auszurechnen – so zumindest handhaben es die Spanier in Bars und in Restaurants.

Mutig den Zebrastreifen kreuzen

Viele spanische Autofahrer sehen Zebrastreifen oft nur als Straßendekors und halten bei Wartenden nicht an. Fußgänger sollten keinesfalls ihr Recht einfordern, indem sie übertriebenen Mut beim Überqueren der Straße beweisen. Das hat schon oft zu Unfällen geführt.

13

Für die Fortbewegung ist selbstverständlich auch bei Schnecken MUSKELARBEIT notwendig: Längs- und Quermuskeln umgeben die Bauchhöhle und erzeugen koordinierte, wellenförmige Bewegungen, die den ganzen Körper durchlaufen und zur Vorwärtsbewegung führen.

Einige Schneckenarten haben eine SPEZIELLE FÄHIGKEIT: Wenn sie sich „verklettern", lassen sie sich mittels eines selbst produzierten Schleimfadens elegant zu Boden gleiten.

WANDERWEGE MIT HINDERNISSEN – VOM SCHLAFPLATZ ZUM FRESSPLATZ

Sich fortbewegen bedeutet für die Schnecken Wasserverlust. Sobald es also einige Tage lang trocken und warm ist, darf die Distanz zwischen einem feuchten Unterschlupf und den Salaten, den Blumen und dem Gemüse nicht mehr zu groß sein, sonst wird diese Wanderung zum extremen Risiko. Optimal haben es die Schnecken, die sich ihre Wohnstätte gleich in einem schmackhaften Salatkopf eingerichtet haben. Das aber werden wir künftig nicht mehr zulassen, sondern für eine möglichst große Wegstrecke zwischen Unterschlupf und Futterquelle sorgen (s. Seite 40 f.).

Die OPTIMALE UMGEBUNGSTEMPERATUR für Schnecken-
aktivitäten liegt zwischen 15 und 20 °C. Über 20 °C wird
der Schleim zähflüssig, und das Kriechvermögen der
Schnecken nimmt ab.

Wichtig ist aber auch die Beschaffenheit der UNTERLAGE.
Ein trockener, saugfähiger Boden entzieht dem Schleim
das Wasser und vermindert die Gleitfä-
higkeit. Die Schnecken kalkulieren in jedem Falle sehr genau: Reicht mein Was-
servorrat? Wenn nicht, heißt es: Stopp,
umkehren, solange es noch zurück
reicht. Die Tiere haben das im Griff –
wir nun aber auch. Denn da kommt
uns doch sofort die geniale Idee,
im Zugang zum Gemüsegarten
ein Hindernis zu legen, zum
Beispiel einen Streifen Boden mit besonders saugfähi-
gem Material.

SCHNECKEN-SENSORIK

Bei den Landschnecken befinden sich die Augen an den Fühlerspitzen. Die SEHZELLEN sind an sich sehr gut ausgebildet, aber da die Pupillen klein sind, ist das Auflösungsvermögen schlecht: Die Schnecken können nur Hell-Dunkel-Kontraste wahrnehmen.

Eine weit wichtigere Rolle spielt der GERUCHSSINN. Die Riechzellen sitzen ebenfalls vorwiegend in den Fühlern. Befindet sich eine Große Wegschnecke (siehe Seite 22 f.) auf Delikatessensuche, hebt sie ihren Kopf vom Boden ab und bewegt die Fühler lebhaft hin und her.

Weitere sogenannte KONTAKTZELLEN sind über den ganzen Körper verteilt. Sie befinden sich im Fußsaum, in den Tentakeln und in den Mundlappen. Die Schnecken registrieren also mit ihrem ganzen Körper, was in ihrer Umgebung so alles duftet. Zum Beispiel fühlen und riechen sie auch den Regen. Und wenn da am Abend ein Sprinkler in Aktion ist, kommt gewaltig Stimmung auf! Liegt zusätzlich die Temperatur im Idealbereich, ist alles perfekt!

Die Strecke, die zurückgelegt werden kann, und die Dauer des Fernbleibens vom Unterschlupf sind zwar temperaturabhängig, werden aber vor allem von der Feuchtigkeit bestimmt. So kann es vorkommen, dass hungrige Schnecken

16

auch bei kühler, aber nasser Witterung mitten am Tag auf Futtersuche sind. Ein Gewitter nach einer Trockenperiode wirkt wie der Sprinkler. Da kommen alle Tiere hervor. Allerdings nicht während des Schauers, sondern kurz danach.

SCHNECKEN-MATHEMATIK

Wer sich die Zeit nimmt, beobachtet und sich etwas in die Schneckenhaut hineinversetzt, wird bald feststellen: Der AKTIVITÄTSRHYTHMUS der Schnecken richtet sich genau nach den drei Faktoren: Wasser, Licht und Wärme. Hier werden wir mit den STRATEGIEN für eine wirksame Regulierung ansetzen. Die Schnecken sind Meister im Kalkulieren – machen wir ihnen also einen Strich durch ihre Rechnung: Keine Schlupfwinkel im Gartenbeet, gießen nur am Morgen und saugfähiges Material zwischen Unterschlupf und Beete streuen.

MÄNNLEIN UND WEIBLEIN –
DIE FORTPFLANZUNG

Die bei uns heimischen Landschnecken sind ZWITTER, das heißt zugleich Männchen und Weibchen. Die Anlagen der männlichen und der weiblichen Geschlechtsorgane sind zwar da, aber die Geschlechtsphasen laufen zeitlich getrennt ab. Die Tiere sind zuerst männlich und bilden Keimzellen aus. Bei der Paarung werden die Samen zwischen zwei Partnern in der männlichen Phase ausgetauscht. Das Vorspiel und die anschließende Paarung können Stunden dauern. Erst nach der PAARUNG setzt die weibliche Phase ein, die Eier reifen und werden mit den vom Partner aufgenommenen und im Körper gespeicherten Samen befruchtet.

Zur EIABLAGE wird eine Art Nesthöhle gesucht: der Gang eines anderen Tieres, Ritzen etc., oder eine selbst gebaute Grube.

Die im Garten wichtigen Arten legen die Eier meist nicht einzeln, sondern in Gelegen mit – je nach Art – bis zu 200 Eiern. Die Entwicklung der Eilarven dauert, einmal mehr abhängig von den klimatischen Verhältnissen, unterschiedlich lange. Im Sommer schlüpfen die JUNG-SCHNECKEN nach zwei bis vier Wochen. Im Herbst abge-

legte Eier überwintern, und die Jungtiere schlüpfen erst nach Monaten.

Stets bleiben die jungen Schnecken einige Tage in der geschützten Umgebung des Eigeleges. Auf Nahrungssuche gehen sie, sobald sie etwas widerstandsfähiger geworden sind.

SCHNECKEN-CHECK

DER FEIND IN MEINEM BEET

Eigentlich sind es nur einige wenige Arten, die uns zur Verzweiflung bringen können. Dafür sind sie sehr vermehrungsfreudig, wenn die Gartenbeete ihnen behagen.

GROSSE ROTE WEGSCHNECKEN

Diese großen rotbraunen Schnecken dürften als die GEFRÄSSIGSTEN unter den SCHADSCHNECKEN wohl bekannt sein. Die Körperlänge der ausgewachsenen Tiere beträgt im Durchschnitt immerhin etwa 8 cm.

Der Einfachheit halber verwenden wir zur Bezeichnung dieser Tiere den Begriff Große Wegschnecken. Wissenschaftlich ist dies nicht korrekt, denn es handelt sich um mindestens drei Arten, die mit bloßem Auge allerdings nicht sicher zu unterscheiden sind: Die Große Rote Wegschnecke *Arion rufus,* die Große Schwarze Wegschnecke *Arion ater,* und die Spanische Wegschnecke *Arion lusitani-*

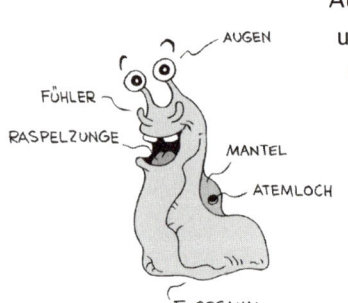

AUGEN

FÜHLER

RASPELZUNGE

MANTEL

ATEMLOCH

FUSSSAUM

cus. Da das Verhalten dieser Tiere ähnlich ist, spielt es in unserer Regulierungsstrategie keine Rolle, zu welcher Art der jeweilige Übeltäter gehört, zur Unterscheidung bräuchte es zudem eine zoologische Sonderausbildung.

VERBREITUNG UND LEBENSRÄUME: Alle drei Arten bevorzugen Wald mit Unterwuchs (Kräuter), Gehölze, Hecken, Böschungen und Wiesen als Lebensraum; stets feuchte Biotope also, die in erster Linie als Unterschlupf geeignet sind, bei Trockenheit aber auch Notfutter bieten. Unsere einheimischen Großen Wegschnecken *Arion rufus* und *Arion ater* sind mit der Zeit aus ihren ursprünglichen Lebensräumen immer mehr auch in die Kulturflächen eingewandert. Hier bekommen sie nun aber seit etlichen Jahren Konkurrenz von der Spanischen Wegschnecke, die eigentlich in Südeuropa (Portugal) beheimatet ist. Sie wurde wohl mit Gemüseimporten in unsere Breitengrade eingeschleppt. Als Südländer sind diese Tiere besser an Trockenheit angepasst und breiten sich deshalb so stark aus, dass Biologen gar vermuteten, dass die einheimischen Arten vom Aussterben bedroht sind.

ERKENNUNGSMERKMALE: Die ausgewachsenen Tiere variieren in ihrer Hautfärbung von orangerot über rotbraun *(Arion rufus)*, schmutzig braun *(Arion lusitanicus)* bis fast schwarz *(Arion ater)*. Die Haut ist grob runzelig, mit

Ausnahme des Mantelschildes, der gut an der feineren Haut zu erkennen ist. Das Atemloch liegt auf der rechten Seite, vor der Mitte des Schildes.

Die Eier sind rund bis leicht oval, kalkweiß gefärbt, mit einem Durchmesser von etwa 3 mm.

Die jungen Schnecken sind zuerst hell und fast durchscheinend. Nach und nach entwickelt sich eine intensivere Färbung von graubraun bis rotbraun, seltener auch gelblich oder gar grünlich, je nach Art mit einer dunkleren Seitenbinde.

ENTWICKLUNG: Die Großen Wegschnecken bilden in Mittel- und Nordeuropa nur eine Generation pro Jahr. Aus den früh im Herbst in Ritzen und Höhlen abgelegten Eiern

25

schlüpfen die Jungtiere schon vor Wintereinbruch, die anderen erst im Frühjahr zwischen März und April.
Die Paarungszeit liegt zwischen August und Ende September. Die Paarung selbst dauert einige Stunden. Während dieser Zeit ist der Wandertrieb besonders stark. An feuchtwarmen Abenden kann man Dutzende von Schneckenpärchen eng ineinander verschlungen in Wiesen, an Heckenrändern oder eben im Garten beobachten. Bis zur Eiablage dauert es nun noch drei bis fünf Wochen.

VERHALTEN UND ERNÄHRUNG: Mit Ausnahme der frisch geschlüpften Jungtiere, die zunächst noch unterirdisch leben, sind die Großen Wegschnecken vorwiegend an der Bodenoberfläche aktiv. Tagsüber und bei Trockenheit leben sie an feuchten, schattigen Orten. Da sie relativ groß sind und nicht graben können, finden sie im Boden kaum Schutz vor dem Vertrocknen und ziehen sich deshalb unter Büsche, Stein- und Holzhaufen zurück. Von da aus unternehmen die Allesfresser vorwiegend nachts Ausflüge zu den interessanten Nahrungsquellen. Für Aas sowie schwache und verletzte Pflanzen haben sie eine Vorliebe.

GARTENWEGSCHNECKEN

Wir können es den Wissenschaftlern nicht verübeln, dass sie bunten Käfern oder Schmetterlingen mehr Aufmerksamkeit widmen als den schlüpfrigen Schnecken. Deshalb wissen wir auch bei *Arion hortensis*, der Gartenwegschnecke, nicht immer, ob wir jeweils nur eine Art oder die Vertreter mehrerer Arten von unseren Bohnenkeimlingen ablesen. Mit Ihrem Einverständnis setzen wir uns über diesen Punkt hinweg, in der Annahme, dass auch Sie den Schneckenfraß nicht mittels lateinischer Artennamen erklären wollen.

VERBREITUNG UND LEBENSRÄUME: in ganz West-, Zentral- und Südeuropa. Sie sind Kulturfolger und bevorzugen Gärten und Äcker als Lebensraum.

ERKENNUNGSMERKMALE: Die ausgewachsenen Tiere sind in der Regel 2,5 bis 3 cm, selten bis zu 4 cm lang. Der Rücken ist nahezu schwarz und weist zwei blauschwarze oder graubraune Seitenbinden auf, die hellgrau abgegrenzt sind. Die Sohle ist gelblich bis kräftig orange gefärbt. Oft ist sogar der Schleim leicht gelb pigmentiert. Von der Form des Rumpfes her sind die Gartenschnecken den Großen

Wegschnecken ähnlich, und das Atemloch liegt ebenfalls seitlich vor der Mitte des Mantelschildes. Die Eilarven sind beim Schlüpfen 2 bis 3 mm lang und durchscheinend. Nach einigen Tagen nehmen die Kleinen eine Farbe zwischen Hell- und Dunkelgrau an.

ENTWICKLUNG: Die Gartenwegschnecken bilden eine Generation pro Jahr. Da sie weniger kälteempfindlich sind als andere Arten, bedeutet der Winter nicht vollständige Inaktivität. Die Tiere legen ihre Eier in der Regel von Anfang Winter (November) bis Frühling in kleine Erdhöhlen oder noch lieber an Pflanzenwurzeln in Gelegen von zehn bis 50 durchsichtigen, stecknadelkopfgroßen Eiern. Die Jungtiere sind oft in der Morgendämmerung an der Bodenoberfläche unterwegs, wegen ihrer Tarnfarbe aber kaum erkennbar. Im Herbst sind die Tiere schließlich ausgewachsen und geschlechtsreif.

VERHALTEN UND ERNÄHRUNG: Die Gartenwegschnecken leben vor allem im und auf dem Boden. Nur bei feuchter Witterung und Taunässe kriechen die Tiere auch auf Pflanzen, am häufigsten im Spätsommer und Herbst. Größere Wanderungen machen die kleinen schwarzen Tiere nicht. Bei Trockenheit ernähren sie sich von Wurzeln und Knollen im Boden.

ACKERSCHNECKEN

Die Wissenschaft vergebe uns, wenn wir auch bei der Ackerschnecke oder genauer, der Ackernetzschnecke *(Deroceras reticulatum)* auf eine Abhandlung des Artenkomplexes bewusst verzichten.

VERBREITUNG UND LEBENSRÄUME: Ackerschnecken sind in ganz Europa verbreitet und hier vermutlich sogar die am häufigsten vorkommenden Nacktschnecken. Sie bevorzugen Lebensräume im Kulturgelände wie Gärten, Äcker und Wiesen. In der Landwirtschaft sind sie die am meisten gefürchteten Schadschnecken.

ERKENNUNGSMERKMALE: Ausgewachsene Tiere sind meist zwischen 3 und 5cm lang. Ihre Farbe ist unauffällig hellbraun, gräulich bis gelblich. Mehr oder weniger ausgeprägt ist die dunklere, netzartige Zeichnung auf dem Rücken. Die Haut ist wenig gerunzelt, der Mantel zeigt die feine Struktur eines Fingerabdruckes, das Atemloch liegt seitlich hinter der Mitte des Mantelschildes.
Die Ackerschnecken sind sehr wendig und schnell. Das Körperende läuft spitz aus und weist einen ausgeprägten Kiel bis etwa zur Rückenmitte auf.

Die frisch geschlüpften Eilarven sind winzig klein und beinahe durchsichtig. Ebenso unauffällig sind die nur 1 bis 2 mm großen, durchsichtigen Eier, die in Gelegen von zehn bis 15 Stück an Pflanzenwurzeln oder in Bodenritzen abgelegt werden.

ENTWICKLUNG: In der Regel leben die Ackerschnecken bis zu einem Jahr und bilden in dieser Zeit eine Generation aus. Die Jungtiere schlüpfen im April/Mai aus den im Winter, meist aber erst im Frühjahr abgelegten Eiern. Mit vier bis fünf Monaten sind sie geschlechtsreif. Die Paarung, die oft schon im August beobachtet werden kann, findet an einem möglichst feuchten Ort statt, zum Beispiel gar auf einem tau- oder regennassen Salatblatt. Bis zur Eiablage dauert es vier bis sechs Wochen. Stärker als bei den übrigen Arten wird die Entwicklung der Ackerschnecken von der Temperatur beeinflusst. Mildes Wetter im Winter und Frühjahr kann zu einer zweiten Generation führen, die dann an den späten Kulturen, in der Landwirtschaft zum Beispiel am Winterraps oder Wintergetreide, erheblichen Schaden anrichtet.

VERHALTEN UND ERNÄHRUNG: Die Ackerschnecken leben vorerst nur unterirdisch; später sind sie während Trockenzeiten überwiegend in Bodenritzen (bis zu 30 cm tief!) und unter Schollen zu Hause, wo sie sich von Wurzeln und abgestorbenen Pflanzenteilen ernähren. Feuchte Nächte allerdings veranlassen die wendigen Tiere zu geschickten Klettertouren bis zu den feinsten Blättchen und Blüten in luftiger Höhe.

Sie schädigen somit alle Pflanzenteile, von den Wurzeln und Knollen (Kartoffeln, Karotten) bis zu den Blüten und Früchten.

Die Art und das Ausmaß der Schäden verändern sich im Jahresverlauf und mit der jeweiligen Wetterlage. Die Ackerschnecken sind deshalb nicht so einfach einzuschätzen wie die Großen Wegschnecken, die ein vergleichsweise geregeltes Wanderleben führen. Bei Trockenheit sind die Ackerschnecken lange Zeit unsichtbar, bei Einsetzen feuchter Witterung erscheinen sie aber plötzlich in Scharen.

Die Ackerschnecken sind auch bei Temperaturen um den Gefrierpunkt noch aktiv. Es ist deshalb nicht ausgeschlossen, dass ein solcher Gast im schmackhaft zubereiteten Feldsalat das Weihnachtsessen mitgenießen will.

DAUER-GÄSTE IM GARTEN

Einige Schneckenarten lieben vor allem das naturbelassene Gartenumfeld sie vergreifen sich nur ausnahmsweise an Gemüse und Blumen.

EGELSCHNECKEN

Die Große Egelschnecke *(Limax maximus)*, auch Großer Schnegel oder Tigerschnegel genannt, wird beachtliche 12 bis 15 cm lang. Ihre Grundfärbung variiert von hell- bis dunkelgrau. Eine markante dunklere Zeichnung überzieht den Körper streifig und/oder fleckig; vor allem gegen die Sohle hin gehen die Streifen in Flecken und Punkte über. Der Schleim ist farblos, die Sohle in drei gleichfarbene, helle Felder unterteilt. Der Kiel, der bis zur Mitte des Rückens reicht, ist deutlich ausgebildet.

Die Gelbe Egelschnecke *(Limax flavus)* ist mit 7 bis 10 cm etwas kleiner als die Große Egelschnecke. Die Körperfarbe ist gräulich gelb, ohne Streifen, manchmal aber mit grauer Tüpfelung. Ihr Mantel kann dunkel oder gelb gefleckt sein. Der Kiel ist nur kurz und undeutlich zu erkennen.

VERBREITUNG UND LEBENSRÄUME: Beide Arten sind in ganz Europa verbreitet und leben im Kulturgelände. Die Große Egelschnecke ist eher in Hecken, Wäldern und natürlich auch auf dem Kompostplatz anzutreffen. Die Gelbe Egelschnecke dagegen bevorzugt Brunnen, alte Gemäuer, Höhlen oder verkriecht sich unter alten Tontöpfen im feuchten Gewächshaus; sie führt ein extremes Schattendasein.

ENTWICKLUNG: Die Großen Egelschnecken zeigen ein interessantes Verhalten: Zur Paarung hängen sie an einem selber ausgeschiedenen Schleimfaden in luftiger Höhe. Im Herbst werden Gelege von bis zu 200 glasklaren Eiern in Ritzen oder Höhlen deponiert.

VERHALTEN UND ERNÄHRUNG: Die Egelschnecken leben oberirdisch wie die Großen Wegschnecken, tagsüber verstecken sie sich in einem feuchten, dunklen Unterschlupf. Da ihre Nahrung sich vorwiegend aus abgestorbenen Pflanzenteilen zusammensetzt (Wurzeln, Knollen und Pilze), richten sie nur in Ausnahmefällen Schäden an. Relativ selten entstehen Verluste an Obst- und Kartoffelvorräten, weil sich am verletzten Lagergut Fäulnis ausbreitet. Angeknabberte Etiketten an Vorratsgläsern gehen ebenfalls auf das Konto dieser Kellerbewohner.

WEINBERGSCHNECKEN

Die Weinbergschnecken *(Helix pomatia)* gehören zu den größten und auch sehr gut erforschten Landgehäuseschnecken Europas. Besondere Bedeutung kommt ihnen und einigen ihrer Verwandten als essbare Delikatesse zu.

VERBREITUNG UND LEBENSRÄUME: Die Weinbergschnecken sind in weiten Teilen Europas verbreitet. In den Alpen sind sie sogar bis auf 2000 Meter über dem Meeresspiegel anzutreffen! Ihre Lebensräume sind lichte Wälder, Hecken, Gebüsche und Mauern mit Pflanzenbewuchs. Die Weinbergschnecken gelten unter Gärtnern nicht als Schädlinge im Garten und sind sogar geschützt!

ERKENNUNGSMERKMALE: Das hellgraue oder hellbraune Gehäuse einer ausgewachsenen Weinbergschnecke kann einen Durchmesser von bis zu 5 cm erreichen. Die dunklere, schwache Bänderung ist meist etwas verwaschen.

ENTWICKLUNG: Nicht nur Amor verschießt seine Liebespfeile, sondern auch die Weinbergschnecken tun dies bei der Paarung! Nach einem Vorspiel, bei dem sich die Partner Sohle an Sohle aufrichten, bohren sie sich als Reiz gegenseitig ein Kalkstilett in den Körper.

Im Juli/August werden zirka 40 bis 60 Eier in eine meist selber gegrabene Höhle abgelegt. Nach etwa drei bis vier Wochen schlüpfen fertige Schneckchen mit einem durchscheinenden Häuschen. Etwa zehn Tage später verteilen sie sich, klettern auf Kräuter oder Bäume. Bei Hitze und Trockenheit ziehen sie sich in ihr Haus zurück und dichten die Öffnung mit einem Häutchen ab.

Vor Wintereinbruch graben sich die Tiere bis zu 30 cm tief in lockeres Erdreich ein. Dabei wird die Fußsohle wie ein Förderband eingesetzt. Zum Schutz vor Kälte verschließen sie die Gehäuseöffnung mit einer kalkreichen Masse (Eindeckeln). Die Lebensdauer einer Weinbergschnecke beträgt zwei bis fünf Jahre, unter günstigen Umständen aber weit mehr.

VERHALTEN UND ERNÄHRUNG: Weinbergschnecken leben, außer während der Winterruhe, oberirdisch und dort meist an der Bodenoberfläche. Sie ernähren sich vorwiegend von grünen Pflanzenteilen, aber auch von abgestorbenem Material. Nennenswerte Schäden an Kulturen verursachen

sie allenfalls dort, wo ein Gemüsegarten oder -feld direkt an eine Hecke oder ein Gebüsch grenzt. Hier hilft nur einsammeln und an einen anderen Ort bringen. Ködern funktioniert bestens, da die Schnecken immer auf demselben Weg aus ihrem Unterschlupf in den Garten und zurückkriechen. Aber aufgepasst: Oft lassen sie sich tagelang oder gar wochenlang nicht blicken, und dann reicht eine von der Witterung her optimale Nacht für eine kleine Katastrophe, wenn da zum Beispiel Kohlsetzlinge locken. Übrig bleibt nur noch deren Gerippe.

Grundsätzlich sind diese Schnecken sehr nützlich, da sie Unmengen an organischer Substanz umsetzen. Dass die Tiere speziell die Eier der Nacktschnecken fressen würden, ist aber ein Märchen. Tatsache ist, dass sich alle Schnecken gegenseitig die Eier wegfressen.

GEFLECKTE WEINBERGSCHNECKEN

Diese Verwandte der Weinbergschnecke namens *Helix aspersa* ist ausgewachsen etwas kleiner, das gelbbraune Gehäuse ist hübsch mit dunklen, unregelmäßigen Bändern verziert, die verschmelzen oder sich fleckig auflösen. Ihre Lebensweise entspricht der der Weinbergschnecken. Als Delikatesse ist die Petit Gris vor allem in Frankreich von

36

Bedeutung. Ihre Züchtung in großem Stil muss jedoch noch optimiert werden. Vielleicht wird in Zukunft die Vermarktung von Schneckeneiern, als Pendant zu Kaviar, wirtschaftlich interessant sein.

BÄNDERSCHNECKEN

Sie sind in jedem Garten daheim, diese kleinen Gehäuseschnecken. Kinder sammeln die Subspezies der *Cepaea* wegen der schönen, unterschiedlichen Färbung und Bänderung ihrer Häuschen.
Die Bänderschnecken gehören ebenso wie die Weinbergschnecken der Familie der Hain- oder Schnirkelschnecken *(Helicidae)* an. In unseren Regionen sind vor allem zwei Gattungen, die Hain- und die Gartenbänderschnecke *(Cepaea nemoralis* und *Cepaea hortensis)*, sehr zahlreich vertreten.

VERBREITUNG UND LEBENSRÄUME: Beide Arten sind in Europa weit verbreitet. Sie leben in Gärten, Hecken, Wäldern, auf Bäumen, Felsen und Mauern.

ERKENNUNGSMERKMALE: Das gedrückte kugelförmige Gehäuse der Bänderschnecken hat einen Durchmesser

37

von 10 bis 20 mm. Färbung und Bänderung sind sehr unterschiedlich: über gelblich bis hellbraun, unifarben oder mit schmaleren bzw. breiteren dunklen Bändern.

ENTWICKLUNG: Bei der Paarung im Mai/Juni belecken sich die Partner zuerst und bohren sich dann gegenseitig, wie die Weinbergschnecken, zur Stimulierung den Liebespfeil in den Körper. Danach findet der Samenaustausch statt. Die Eiablage erfolgt im Sommer. Nach ein paar Wochen schlüpfen etwa 2 mm große, richtige Häuschenschnecken. Auch die Bänderschnecken ziehen sich bei Hitze, Trockenheit und Kälte in ihr Haus zurück und deckeln sich ein, vielleicht ein Grund, weshalb sie oft mehrere Jahre alt werden.

VERHALTEN UND ERNÄHRUNG: Beide Arten leben oberirdisch, oft auf Sträuchern und Bäumen, wo sie sich tagsüber in ihre Gehäuse zurückziehen. Sie ernähren sich von Blättern und Früchten. Schaden richten sie kaum an. Im Garten vergreifen sie sich allenfalls an Johannisbeeren, dies aber mit Maß.

DER ANTI-SCHNECKEN-GARTEN

HIER WIRD KEIN SCHLEIMER GLÜCKLICH

GENIALE GARTENGESTALTUNG

Betrachten wir vorerst den Lebensraum der Schnecken, also den Garten mit seinem ganzen Drum und Dran.
Der Gemüsegarten und das Blumenbeet sind in ein ganz bestimmtes Umfeld eingebettet. Da sind zum Beispiel die Buschgruppe, der Kompostplatz, der Kaninchenstall, der Gartensitzplatz oder vielleicht das Gerätehäuschen mit dem schön gestapelten Kaminholz. Wir gestalten unser Gartenreich, auch wenn es vielleicht klein ist, nach unseren Bedürfnissen und prägen damit die Lebensbedingungen der hier wohnenden Tiere ganz erheblich.
Wir haben Gartenarchitekten nach Kriterien für die Gartengestaltung befragt. Meist war die Rede von einer „funktionalen Einheit". Hier der Sitzplatz, dort die Büsche

und, in einer arbeitstechnisch logischen Linie: erst Kaninchenstall, dann der Kompostplatz und zuletzt die Gartenbeete. Aus menschlicher Sicht mag das richtig sein, wer will schon die Gartenabfälle quer durch den Garten in die gegenüber-

liegende Ecke tragen. Für eine wirkungsvolle Anti-Schnecken-Strategie gelten jedoch andere Kriterien:

- Der KOMPOSTPLATZ und die Stallungen für Haustiere sollten gegen Norden oder Westen ausgerichtet sein, in den Schattenlagen des Gartens mit möglichst wenig Sonneneinstrahlung – ganz im Sinne der lichtscheuen Schnecken.

- Den GEMÜSEBEETEN und Blumenrabatten gönnen wir dagegen viel Licht mit Sonneneinstrahlung von Osten bis Süden. Die Morgensonne vertreibt die Schnecken und trocknet die vom Tau feuchten Pflanzen. So wird gleichzeitig auch dem Befall mit Falschem Mehltau, Krautfäule (Tomaten) und anderen Krankheiten vorgebeugt.

- Zwischen den bewilligten SCHNECKENRESERVATEN und den Kulturen sollte immer eine „neutrale" Zone liegen: Ein breiter Streifen Rasen, der Sitzplatz, ein breiter Kiesweg oder auch eine breite Rabatte mit Pflanzen, welche die Schnecken nicht fressen (s. Seite 50 bis 51). So kommen die Schnecken kaum in Versuchung, aus ihrem feuchten Unterschlupf in die Gartenbeete hinüberzuwandern.

42

- Was kann man aber tun, wenn der Kompostplatz des NACHBARN direkt an unser Gemüse- oder Blumenbeet angrenzt? Ob er die Sachlage auch begreift? Ansonsten muss hier eine Wanderschranke eingebaut werden (s. Seite 43 f.).

- Schwierig ist die Situation in den GARTENKOLONIEN, in denen meist jeder seine eigene kleine „Schneckenzucht" betreibt. Hier lohnt es, sich ernsthaft für das Einrichten einer zentralen Kompostieranlage einzusetzen. Ein Informationsabend bei gemütlichem Zusammensein hilft sicherlich weiter – Schneckenprobleme lassen sich am besten gemeinsam lösen.

Im Garten der unglücklichen Schnecken werden die Überfälle auf Gemüse und Blumen zur Ausnahme. Das ist unser erstes Ziel! Wir haben Glück, gewisse Charakterzüge von ihnen sind uns mittlerweile nicht mehr fremd. Wir können den Garten nun so gestalten, dass unsere schlüpfrigen Mitbewohner nicht übermütig werden und sich weniger stark vermehren.

WIR MÜSSEN DRAUSSEN BLEIBEN – WANDERSCHRANKEN UND SCHNECKENZÄUNE

Lässt sich der Kompostplatz oder der Kaninchenstall nicht an einen anderen Ort verlegen, so muss die Wanderung der Schnecken zum Gemüse durch eine unüberwindbare Schranke verhindert werden.

Dies gilt auch für Gärten, die direkt an landwirtschaftlich genutztes Land grenzen. Die Tage nach dem Grasschnitt oder nach der Ernte motivieren die obdachlos gewordenen bäuerlichen Schnecken ganz besonders zu einem Besuch im Garten, auf der Suche nach Nahrung, aber auch nach einem guten, neuen Unterschlupf. Die Großen Wegschnecken legen dabei in einer Nacht beachtliche Strecken zurück, die kleineren Arten kommen langsamer, aber auch sie kommen.

44

SCHNECKENZÄUNE

Die Schneckenzäune sind den meisten Gärtnerinnen und Gärtnern wohl bekannt. Sie sind in Gartenfachgeschäften in verschiedenen Ausführungen erhältlich.

- Stabil und recht dauerhaft sind VERZINKTE BLECHE mit abgewinkelter Oberkante (s. Abbildung). Sie werden fest in den Boden eingelassen. Für Ecken und Winkel gibt es besondere Montageteile. Wird die Außenseite unter dem kleinen „Dach" des Blechwinkels bei regnerischer Witterung etwas mit Schmierseife eingestrichen, sind diese Zäune für Schnecken kaum zu überwinden.

- ELEKTROZÄUNE bestehen meist aus Kunststoff und verfügen über zwei aufgeschweißte Stromleiter. Sind diese mit einer leistungsstarken Batterie verbunden, schließen die Schnecken auf dem Weg über den Zaun den Stromkreis kurz, erhalten einen Stromschlag und lassen sofort von ihrer Klettertour ab.

- Ein anderes System lässt sich mit KUNSTSTOFFDACH- RINNEN bauen. Genau waagerecht verlegt und mit Wasser gefüllt, sind sie für die Schnecken unüberwind-

45

bar. Die Wasserkanäle dienen im Sommer zudem vielen Tieren als Tränke. Sie sind allerdings nicht ganz einfach zu montieren und bedürfen der regelmäßigen Reinigung.

Diese mechanischen Schranken eignen sich zur Abgrenzung der Kulturfläche gegen eine Wiese, den Kompostplatz des Nachbarn oder eine andere Schneckenquelle. Nur eines dürfen wir nicht tun: den Garten lückenlos mit einem Schneckenzaun abriegeln. Wir würden dadurch viele NÜTZLINGE wie Raubspinnen, Laufkäfer, Igel usw. vom Garten fernhalten; alles, was nicht hüpfen oder fliegen kann, lauter Tiere, die Blattläusen, Möhrenfliegen, Bohnenfliegen und anderen Schädlingen nachstellen. Der allseits schließende Schneckenzaun würde zur Ursache für andere Sorgen.

NATÜRLICHE SCHRANKEN

Wer seine Kulturfläche nicht mit Technischem verstellen möchte, kann Wanderschranken auch aus natürlichen Materialien anlegen. Es bedarf dazu aber mehr Fläche. Die MATERIALIEN müssen so saugfähig sein, dass sie den Schneckenschleim absorbieren. Das löst bei den Tieren Panik aus und veranlasst sie zur Umkehr.

SÄGEMEHL muss etwa 50 cm breit ausgestreut werden. Nach starken oder lang andauernden Regenfällen muss das Material erneuert werden. Einen gewissen Schutz bieten auch HARTHOLZSCHNITZEL (Eiche) und selbst ein KIESWEG.

ALARM AM FRÜHBEETKASTEN

Kaum ermöglicht die Sonnenwärme erste Saaten, erwachen auch die Schnecken. Der wärmere Boden im geschützten Beet lockt sie von außen an. Ist die Umrandung nicht dicht, kann das Werk der Kriechtiere nun verheerende Formen annehmen. Es lohnt sich daher, das Frühbeet mit Schneckenzaunelementen zu bauen.

Die Schnecken im Kasten am besten wegfangen und nur schnecken(-eier)freien Kompost verwenden (s. Seite 69 f.).

„NEIN, DIE PFLANZE FRESS'
ICH NICHT"

Die Schnecken haben etwas mit dem „Suppenkasper" von
Heinrich Hoffmann gemeinsam. Denn auch sie sind wähle-
risch und verbannen gewisse Pflanzen von ihrer Speisekarte. Wir werden da aber weder Überredungskünste anwen-
den noch irgendwelchen Zwang ausüben, sondern gezielt
von dieser Untugend profitieren.

BLUMENRABATTE BLEIBT BLUMENRABATTE

Eine Blumenrabatte, ausschließlich mit vor Schnecken sicheren Arten bepflanzt, kann selbstverständlich wunderschön gestaltet werden und ist bezüglich der Schnecken pflegeleicht. Wer aber auf seine LIEBLINGSBLUMEN, die leider häufig zu den bevorzugten Speisen der Schnecken gehören, nicht verzichten möchte, steht vor einem Problem.

Das Mischen von GENIESSBAREN UND UNGENIESSBAREN PFLANZEN funktioniert denkbar schlecht; das Zerstörungswerk der Schnecken konzentriert sich gezwungenermaßen auf die Leckerbissen. Dazu ein Beispiel: Die Studentenblumen *(Tagetes)* haben in einer solchen Rabatte einen sehr schweren Stand, denn die von den Schnecken gemiedenen Pflanzen schränken das Futterangebot ein. Was liegt da näher, als dass sie ihren ganzen Hunger an den Studentenblumen stillen. Schlafen lässt sich danach im Schatten der benachbarten „Ungenießbaren" wunderbar.

Die in der Tabelle auf Seite 50 bis 51 aufgeführten Pflanzenarten werden die Schnecken daher nicht vertreiben. Der Begriff „meiden" bedeutet lediglich „ungenießbar". Trotzdem lässt sich diese Eigenschaft in das Konzept eines

schneckenfreien Gartens einbauen. Mit gemiedenen Blumen bepflanzte Rabatten können als SCHRANKEN zur Verminderung der Zuwanderung der Großen Wegschnecken in den Gemüsegarten führen. Es ist allerdings darauf zu achten, dass die Pflanzen nicht allzu dicht stehen. Der Boden wird wie im Gemüsegarten gepflegt und ebenfalls mit einer dünnen Mulchschicht bedeckt. Andernfalls dient das Blumenbeet als Unterschlupf, von dem aus die Schnecken nächtliche Exkursionen zum Gemüse unternehmen. Ist das Beet breiter als zwei Meter, darf die dem Gemüsegarten abgewandte Seite durchaus einen dichteren Bewuchs aufweisen. Die Stein- und Altholzhaufen für die Nützlinge lassen sich hier als interessante Gestaltungselemente einbetten.

Eine hundertprozentige Garantie dafür, dass eine Pflanze nicht verspeist wird, gibt es aber nicht. Denn fällt nach einer längeren Trockenperiode endlich Regen, wird zuerst das nächstliegende Grün, ob schmackhaft oder nicht, gefressen. Während einer REGENPERIODE haben die Schnecken jede Menge Zeit, möglichst vielfältig zusammengesetzte Nahrung aufzunehmen, und sie vergreifen sich dann gelegentlich auch an den Pflanzen, die sie normalerweise nicht anrühren.

50

Kranke oder an einem ungünstigen Standort kümmernde Pflanzen werden dagegen oft kahlgefressen. Die Schnecken sind nun einmal Gesundheitspolizisten.

PFLANZEN, DIE SCHNECKEN MEIDEN

EINJÄHRIGE BLUMEN

Malve	*Lavatera* ssp.
Kornblume	*Centaurea cyanus*
Löwenmaul	*Antirrhinum*-Arten
Ringelblume	*Calendula officinalis*

ZWEIJÄHRIGE BLUMEN

Bartnelke	*Dianthus babartus*
Bellis/Maßliebchen	*Bellis perennis*
Fingerhut	*Digitalis purpurea*
Goldlack	*Erysimum cheiri*

MEHRJÄHRIGE BLUMEN/STAUDEN

Akelei	*Aquilegia*-Hybriden
Baldrian	*Valeriana officinalis*
Beinwell/Comfrey	*Symphytum*-Arten
Brennende Liebe	*Lychnis chalcedonica*
Eisenhut	*Aconitum*-Arten
Frauenmantel	*Alchemilla vulgaris*
Mohn-Arten	*Papaver*-Arten
Geranie	*Pelargonium zonale*
Wolfsmilch-Arten	*Euphorbia*-Arten
Maiglöckchen	*Convallaria majalis*
Phlox	*Phlox paniculata*
Primel	*Primula vulgaris*
Purpurglöckchen	*Heuchera sanguinea*
Schwertlilie	*Iris germanica*
Sonnenhut	*Rudbeckia*
Storchschnabel	*Geranium*, alle Arten
Waldrebe	*Clematis*-Arten
Ziergräser aller Art	

SCHNECKENFRESSER
LIEBEVOLL PFLEGEN

Schnecken haben eine NATÜRLICHE ABWEHRREAKTION: Werden sie angegriffen, sondern sie MEHR SCHLEIM ab als üblich und werden zu einer klebrigen Kugel. Da vergeht manchem Schneckenfeind im letzten Moment der Appetit. Einige Tiere aber packen blitzschnell zu, bevor die Schne-

cke weiß, wie ihr geschieht. Genaue Angaben über die so verursachte Sterberate gibt es kaum. Aber die Erfahrung lehrt, dass die Förderung von Schneckenfressern viel zur Vermeidung der Schneckenplage beiträgt.

53

NÜTZLINGE VON KLEIN BIS GROSS

Schlupfwinkel im Garten, die den Schnecken behagen und ihnen tagsüber als Schlafplatz dienen, sind gleichzeitig auch gute Lebensräume für allerlei kleines Getier wie die schwarz behaarte Wolfsspinne und den langbeinigen Weberknecht – beide ziemlich brutale Gesellen, deren Biss Jungschnecken sofort tötet. Aufgenommen in diese Gesellschaft werden alsbald auch Laufkäfer und Kurzflügler. Mit ihren kräftigen Zangen am Kopf machen sie dem Leben der Schneckeneier und Jungtiere ein rasches Ende. Wer Spaß am Beobachten hat, wird feststellen, dass die LEBENSGEMEINSCHAFT immer vielfältiger wird: Eine dicke Erdkröte, ein Molch oder eine Blindschleichenfamilie gesellen sich bald dazu.

BEHAUSUNGEN FÜR SCHNECKENFRESSER

Für diese Tiere schichten wir im Schatten von Büschen kleine Haufen aus verschieden großen Steinen so auf, dass darin genügend große HOHLRÄUME bleiben, in denen sich Igel, Spitzmäuse und Blindschleichen einnisten können. In den kleineren Ritzen und Spalten finden die Raubspinnen und -käfer dann einen Unterschlupf.

Einzelne **HAUFEN** kann man anstatt mit Steinen aus Altholz zum Beispiel mit großen morschen Stücken aus dem Wald aufschichten. Wenn möglich, lassen wir unter dem **HOLZSTAPEL** oder unter dem Gerätehäuschen Hohlräume frei. Sind diese groß genug, „möblieren" wir sie mit etwas Stroh oder Laub.

SCHNECKENEIER – DELIKATESSEN FÜR VÖGEL

Drosseln, Spechtmeisen, Stare und andere Vögel stellen ebenfalls den Schnecken nach. Ein flotter Regenwurm birgt zwar mehr Kalorien, aber wenn beim Scharren und Picken Schneckeneier oder Jungschnecken aufgedeckt werden, sind diese eine willkommene Bereicherung. Vögel versorgen wir dafür mit **NISTGELEGENHEITEN.** Einheimische Bäume und Sträucher locken mit ihren Wildfrüchten die gefiederten Freunde zusätzlich an, und die zahlreichen Kleintiere im Altholz von mit Efeu umrankten Bäumen ergänzen die Speisekarte.

Vor allem im Sommer ist eine Trinkquelle immer gefragt. Ein kleiner Gartenteich mit Flachufer wäre als Vogeltränke optimal, aber auch die Minimalvariante, ein mit Wasser gefüllter Blumentopfuntersetzer, erfüllt diesen Zweck. Damit die Hauskatze nicht allzu leichtes Spiel hat, sollten wir die Trinkquelle frei aufstellen, so dass sie sich nicht ungesehen anschleichen kann.

AUCH SCHNECKEN WERDEN KRANK

Was sich diesbezüglich in den von uns geschaffenen Nischen genau abspielt, bleibt unserem Auge verborgen. Sicher ist, dass durch die Ansammlung vieler Schnecken an diesen Stellen – HOHE POPULATIONSDICHTE – auf natürliche Weise die Sterblichkeit durch Infektionen mit Lungenmilben, Fadenwürmern, Pilzen und anderen Kleinorganismen zusätzlich erhöht wird.

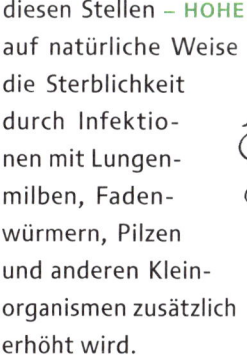
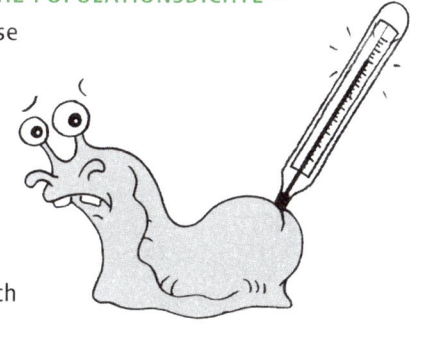

DA LACHEN DIE HÜHNER –
SCHNECKENSCHMAUS IM WINTER

Während der Zeit, in der im Garten alles blüht und gedeiht,
gehören die Hühner in den HÜHNERHOF. Sie würden alles
aufpicken, zerrupfen oder gar gänzlich auffressen, was wir
im bewirtschafteten Garten hegen, und letztlich wäre die
gesamte Garteninfrastruktur durch das dauernde Scharren
gefährdet.
Anders dagegen verhält es sich IM WINTER. Die Regen-
würmer befinden sich tief im Boden, die Igel und Spitzmäuse schlafen wohlig eingelullt in ihren Behausungen
und, in den kleineren Nischen ruhen Spinnen und Käfer.
Im Garten sind die Kulturen abgeerntet; bis auf den Feldsalat und einige Wintergemüse, die mit einem Vogelschutznetz schnell abgedeckt sind. Nun kann uns eigentlich nichts mehr davon abhalten, den Hühnern einige Zeit
freien Lauf zu lassen – wenigstens den Hennen. Der Hahn
entwickelt außerhalb des Geheges bald ein eigenwilliges
Imponiergehabe und bringt dabei sein „Damenkränz-
chen" auf Ideen, die weit bis in entfernte Nachbargärten
führen können. Hennen verweilen dagegen in der Nähe
des eingezäunten Hahnes und scharren und picken nach
Herzenslust. Sie sind sehr erpicht auf Schneckeneier und

kleine Schnecken und holen sich die Leckerbissen aus allen möglichen Ritzen. Recht spaßig ist es, wenn die Hühner bei der Bodenbearbeitung mithelfen.

LAUFENTE GEGEN SCHNECKE – ZUVERLÄSSIGE MITARBEITER

Von den verschiedenen Entenarten haben die LAUF- UND STUMMENTEN eine klare Vorliebe für Nacktschnecken. Sie scharren nicht und stellen im Garten auch sonst nicht viel Unheil an – unablässig suchen sie nach Schnecken. DREI WEIBCHEN sind die Mindestgröße einer Entenfamilie für den Garten. Der ERPEL ist in der Regel eigensinnig und allzu selbstbewusst. Er bringt Unruhe in die Schar, wobei die Enten dies wohl anders betrachten als wir Menschen! Als Infrastruktur brauchen die Enten ein Häuschen, ein

Gehege und immer und überall Wasser, an einem Ort mindestens so viel, dass es zwischendurch auch zu einem Bade
reicht.

Zur Entenhaltung gibt es spezielle FACHLITERATUR. Wir
vermitteln hier nur die Erfahrungen, die für eine gute
Effizienz bei der SCHNECKENREGULIERUNG besonders
wichtig sind:

- Bereits die JUNGEN ENTEN werden ganz aufgeregt,
  wenn sie einer Schnecke begegnen, selbst die Großen
  Wegschnecken fürchten sie nicht. Die Entlein schnap-
  pen zu, obwohl der Hals noch zu dünn ist, um die große,
  schleimige Beute schlucken zu können. Sie ersticken mit
  der großen Schnecke im Hals. Jungenten deshalb stets
  im Frühling anschaffen, damit sie mit den Schnecken
  heranwachsen und nicht in Versuchung kommen, sich
  an einem allzu großen Opfer zu vergreifen.

- ZUSATZFUTTER am Morgen nach der Schneckenjagd
  und nur bis zum Mittag anbieten, damit die Tiere am
  Abend wieder hungrig auf Schnecken sind.

- Stets muss auch im Auslauf REICHLICH WASSER zur
  Verfügung stehen, denn nach jedem Schneckenmahl
  wollen sich die Tiere ihren Schnabel säubern.

- Das Umfeld des Gartens sollte dauernd beweidet werden können. Ein gewisses Risiko, dass die Enten zwischendurch auch nicht für sie bestimmtes Grünzeug naschen, besteht allerdings. Zudem wirkt Entenkot in den Gemüsebeeten nicht besonders appetitanregend. Deshalb umgibt man den KULTURGARTEN mit einem einfachen, 50 cm hohen Drahtgeflecht. Als Pfähle eignen sich Dachlatten.

- Anders bei frisch ABGEERNTETEN BEETEN. Hier verschafft man den Enten Zugang, indem der Zaun kurzfristig versetzt wird, bis alle Schnecken gefressen sind und neu bepflanzt wird. Pflanzenabfälle oder andere Köder (s. Seite 76 f.) locken die Schnecken auch aus den Nachbarbeeten vor die Entenschnäbel.

- Die Lauf- und Stummenten bedürfen natürlich, wie alle Haustiere, TÄGLICHER BETREUUNG. Sie sind in der Regel eher ängstlich und nicht als Kuscheltiere für Kinder gedacht. Es macht aber Spaß, ihnen zuzusehen, wie sie im „Gänsemarsch" durch den Garten watscheln.

- Und nun zur kulinarischen Seite der Entenhaltung. Der ENTENBRATEN, so sagt man, sei zäh, und die Eier dürfen nur gekocht gegessen werden. Man muss sich also

bewusst sein, dass diese Enten fast ausschließlich der Schneckenregulierung dienen – diese Aufgabe allerdings erfüllen sie glanzvoll.

GEDULDET IM KOMPOST-PARADIES

Die schattig feuchten Stellen unter Büschen, Holzhaufen usw. haben wir gezielt in „Wohnheime" für Schneckenfeinde verwandelt und damit den Kriechtieren bereits einen ersten Denkzettel verpasst. Doch da sind noch jene Örtchen, an denen, immer aus Sicht der Schnecken, paradiesische Zustände herrschen. Der Kompostplatz zum Beispiel, an dem es sich in den modernden Gartenabfällen zufrieden schlafen lässt und zudem aus der Küche ständig frisches „Futter" nachgeliefert wird. Besser kann es nicht sein: **FUTTERN IM BETT!**

61

Die Schnecken sind hier äußerst nützlich, und deshalb gönnen wir ihnen dieses Schlaraffenlanddasein. Die Tiere zerkleinern die Grünabfälle und fördern dadurch den Kompostierungsprozess.

Betrachten wir aber auch das Umfeld eines Hundezwingers oder eines Kaninchenstalles. Hier sind die Kot- und Futterreste für die Schnecken eine Delikatesse. Werden diese Gehege zudem oft mit Wasser gereinigt, herrscht bald feuchtfröhliche Schneckenstimmung. Aber wer nimmt es den Tieren übel, dass sie zur Sauberhaltung von Zwinger und Stall beitragen?

JETZT GEHT'S UM DEN KOHL

UM DEN KOHL

ANBAUTIPPS GEGEN SCHNECKEN

GRUNDGUT – DER BODEN

Diese Kampfansage steht für die Nacktschnecken in direktem Zusammenhang mit dem ZUSTAND DES BODENS. Während sich die Weinbergschnecken bei Trockenheit in ihr Haus zurückziehen, sind die Nacktschnecken auf einen feuchten Unterschlupf angewiesen. Was liegt da näher, als nach dem Abfressen der Tagetes in die nächste Bodenritze zu kriechen – sofern es Bodenritzen gibt. Das ist sehr bequem! Doch wenn es KEINE RITZE gibt, muss die Schnecke zwischen Futterquelle und dem sicheren Schlupfwinkel pendeln.

Dieses ewige Hin-und-her-Wandern kostet Kraft und Wasserreserven. Manch eine Schnecke geht dabei zugrunde, auf jeden Fall nimmt die Lebensqualität massiv ab. Grundsatz Nummer eins heißt demzufolge: KEINE WOHN-

STÄTTEN für Schnecken im Gartenbeet schaffen. Wie wichtig ein ständig lockerer Boden ist, bei dem selbst eine Trockenperiode keine SCHWUNDRISSE entstehen lässt, zeigt sich daran, dass Schnecken in Gärten mit leichtem, sandigem Boden kaum ein Problem sind.

IMMER LOCKER BLEIBEN

Schwundrisse entstehen bei Trockenheit nur in schweren, lehmreichen Böden. Einen schweren, verklebten Boden in einen lockeren, krümeligen zu verwandeln, braucht ein wenig Geduld und ein geeignetes „Lösungsmittel", das dem „Leim", sprich dem Wasser, seine verklebende Eigenschaft nimmt. Das Zaubermittel hierfür ist die organische Substanz des Komposts. Eine konsequente Kompostwirtschaft und eine sanfte, die Bodenorganismen schonende BODENPFLEGE lassen den Boden krümelig werden. Schwundrisse entstehen nicht mehr, die Schnecken haben das Nachsehen, und die Kulturen profitieren in zweierlei Hinsicht: sie werden nicht gefressen und können auf gutem Boden gedeihen!

SO RICHTIG ABRÄUMEN

Wichtig ist es, im HERBST vor der Bodenbearbeitung die Beete gründlich abzuräumen und keine Pflanzenreste übrig zu lassen, die der nächsten Schneckengeneration im Frühjahr als Babynahrung dienen würden.

DEN BODEN GANZ LEGAL ABSTECHEN

Nach dem Abernten der Beete folgt im Herbst unmittelbar der letzte Kraftakt – das Umgraben. Aber nur in SCHWEREM BODEN, wo die Erde bei Nässe an den Schuhen kleben bleibt, werden wir Schollen abstechen, hochheben und umgekehrt wieder absetzen! Diese KLASSISCHE FORM des Umgrabens behebt Verdichtungen und fördert die Durchlüftung sehr stark. Allerdings leiden dabei die Bodenorganismen.

Zur Bodensanierung ist es ratsam, vor dem Umgraben reichlich reifen Rindenkompost auszubringen und ihn während des Umgrabens mit dem Erdreich grob zu vermischen. Da dieses Material wenig Nährstoffe enthält, dürfen drei bis fünf Liter je Quadratmeter ausgebracht werden. Das grobschollige Beet abschließend mit einer Schicht trockenen Mulchmaterials bedecken (s. Seite 88 f.).

In **LOCKEREM, KRÜMELIGEM BODEN** ist eine **SCHONENDERE TECHNIK** angebracht: bloßes „Tiefenlockern". Als Werkzeug dient die Grabegabel. Sie wird senkrecht eingestochen, der Stiel zum Körper gezogen und gleich anschließend ganz nach vorne gedrückt. Das Wenden des Bodens entfällt und das Bodenleben wird nur geringfügig gestört. Den Boden nach den ersten Frösten mit einer Mulchschicht schützen.

Den schweren Boden graben wir nach den **ERSTEN FRÖSTEN**, also zwischen November und Februar, um. Mit der Tiefenlockerung des leichten Bodens warten wir bis zum Spätwinter ab.

Wenn wir den Boden bereits im frühen Herbst umgraben oder tief lockern, schaffen wir die Schlupfwinkel gerade dann, wenn Schnecken ihr Winterquartier suchen oder ihre Eier legen. Im folgenden Frühling würden die Schnecken und ihre Gelege die Beete bevölkern.

DÜNGER – FÜR PFLANZE UND BODEN

Mit der richtigen Düngung können wir zwei Ziele auf einmal erreichen: Den Pflanzen Nährstoffe liefern und gleichzeitig die Krümelstruktur des Bodens verbessern, so dass keine Schlupfwinkel mehr für die Schnecken entstehen.

BODENBALSAM GRÜNDÜNGUNG

Meist ist beim Bezug eines neu gebauten Heims der für den Garten vorgesehene Boden noch in einem desolaten Zustand. Hier lohnt es sich, im ersten Jahr in alle Beete zum Beispiel Luzerne anzusäen. Die dicht wachsenden Pflanzen LOCKERN SCHWERE BÖDEN mit ihren kräftigen Wurzeln bis in große Tiefen und verbessern die Luft- und Wasserzirkulation. Eine Gründüngung bringt auch Schwung in schon länger bewirtschaftete, aber „müde" gewordene Gartenböden. Sie ist allerdings ein echtes Tummelfeld für Schnecken und sollte deshalb nicht unbedacht angelegt werden. Bei EINSAAT IM FRÜHLING ist die Wahl von Bitterlupinen oder Esparsette ratsam. Diese Pflanzen sind trockenheitsresistent, und die Schnecken schätzen sie nicht. Im September das Kraut schneiden, die Nacht über liegen

lassen und am nächsten Morgen mitsamt den Schnecken kompostieren.

Für die SAAT IM SPÄTSOMMER eignen sich Alexandriner- oder Perserklee oder Feldsalat. Während der Klee im Winter abfriert, sollte der im Frühling übrig gebliebene Feldsalat spätestens einige Tage vor der Saatbeetbereitung geschnitten und die Blättchen kompostiert werden.

Da sich vor allem die schwarzen Gartenwegschnecken den Winter über in dieser Kultur sehr wohl fühlen, lassen wir die geschnittenen Pflanzen über Nacht liegen und räumen sie erst später ab. Das Einarbeiten der Gründüngungspflanzen täte dem Boden zwar gut, es fördert jedoch die im Boden wohnenden kleinen Schneckenarten und ist deshalb nicht empfehlenswert.

ZIELORIENTIERTES KOMPOSTMANAGEMENT

Das Düngen mit Kompost hat im Vergleich zum Ausbringen chemisch hergestellter Nährstoffkörnchen unbestreitbare Vorteile. Kompost ist Nährstofflieferant und BODENVER- BESSERER in einem. Doch wenn wir die Kompostwirtschaft nun im Zusammenhang mit der naturnahen Schnecken- regulierung betrachten, stoßen wir auf ein Problem: Haben wir beim KOMPOSTPLATZ die Schnecken als nützlich be-

trachtet und toleriert (s. Seite 60 f.), so wollen wir nun aber keine Schneckeneier und Jungschnecken mit dem Kompost in den Kulturgarten bringen. Was tun?

Ziel ist das Herstellen von HOCHWERTIGEM KOMPOST OHNE SCHNECKEN und deren Eier. Am besten findet das Kompostmanagement im SPÄTSOMMER statt. Denn jetzt erst beginnt die Paarungszeit und die wenigsten Schnecken sind schon bereit zur Eiablage. Sie benötigen nun viel Futter, um die Eier im Körper auszubilden oder um (Fett-)Reserven für den kommenden Winter anzulegen. Aus diesem Grund halten sich die Tiere besonders gern im Komposthaufen mit den täglich frisch eintreffenden Garten- und Küchenabfällen auf. Haufen, in denen das Material schon stärker zersetzt ist, sind dagegen als Schlafstätten und Eiablageplätze interessant.

Wir starten also schon im Spätsommer, reifen Kompost zu „ernten". Mit Hilfe des Kompostsiebes trennen wir den REIFEN KOMPOST vom noch zu wenig zersetzten Material, um einen Haufen reifen Komposts und in etwa zwei Metern Entfernung einen Haufen mit den noch in Zersetzung begriffenen ORGANISCHEN ABFÄLLEN zu bekommen. In dieser Form lassen wir das Tagewerk zwei bis drei Tage ruhen. Aus dem reifen Kompost werden die dort noch vorhandenen Schnecken in Richtung unreifer Kompost auswandern. Den Tieren wird die Entscheidung

leicht gemacht, wenn der frische Kompost mit schmackhaften Küchenabfällen bereichert und der Boden zwischen den beiden Haufen feuchtgehalten wird.

Den REIFEN KOMPOST füllen wir in Säcke oder alte Zuber und LAGERN diese an einem geschützten Ort, bis zu seiner Verwendung. Diese ZWISCHENLAGERUNG beeinträchtigt die Kompostqualität in keiner Weise.

MIST UND KRÄUTERJAUCHE

Kompostwirtschaft ist gut, aber als Startdünger hat der Kompost zu wenig Pfiff – mit der Folge, dass die Gewächse beim Nachbarn stets kräftiger sind.

Kompost vermag den großen Nährstoffbedarf von Kulturen wie Blumenkohl, Kartoffeln oder Zuckermais kaum zu decken. Es lohnt sich deshalb Mist bei einem Bauern zu besorgen und diesen mit den Gartenabfällen vermischt zu kompostieren – Schnecken lieben frischen Mist!

Auch Kräuterjauche ist eine ideale Ergänzung zum nur schwach treibenden Kompost. Sie kann mit etwas Hühnermist vermengt werden und hilft nun selbst dem Blumenkohl auf die Sprünge. Jedoch keine gärende, das heißt stinkende Jauche auf das Beet ausbringen

(lässt das Schneckenherz höher schlagen!), sondern diese einige Tage täglich einmal kräftig rühren, bis sie geruchlos ist. Die Kräuterjauche leicht verdünnt in kleinen Portionen den Pflanzen zukommen lassen und gleich hinterher mit klarem Wasser „nachspülen".

GUT GESÄT, IST HALB GEERNTET

Im Winter haben wir den Gartenboden TIEF GELOCKERT. Der Frost hat bis zum Frühling wohl das Seine zum Zerfall der groben Schollen beigetragen, doch noch immer weist der Boden GROSSE RITZEN und SPALTEN auf. In der Abenddämmerung nach den ersten wärmeren Frühlingstagen werden die Schnecken nun wieder aktiv, verkriechen sich jedoch während der immer noch kalten Nächte stets in einen UNTERSCHLUPF.

SCHNELLER ALS DIE SCHNECKE ERLAUBT

IM FRÜHLING müssen wir deshalb schneller sein als die Schnecken. Sobald es die Witterung erlaubt, der Boden ausreichend abgetrocknet ist und der „grüne Daumen" juckt, bereiten wir die SAATBEETE – unabhängig davon, ob der Saatzeitpunkt für alle Kulturen bereits gekommen ist. Das Ziel ist, die Schollen zu brechen, die Ritzen zu schlie-

ßen und dadurch den Boden für die Schnecken schlecht zugänglich zu machen.

Zu Beginn der Arbeit bringen wir den reifen Kompost in der für die geplanten Kulturen erforderlichen Menge aus. Danach wird die Erde kräftig durchgearbeitet, Schollen zerschlagen, gerecht und nochmals durchgearbeitet, bis fast SANDKASTENÄHNLICHE ZUSTÄNDE herrschen. Sind die Schollen nicht klein zu bekommen, gegebenenfalls reifen Rindenkompost zur Sanierung hinzukaufen und nachträglich noch einarbeiten.

SCHNECKENJAGD

Die Bodenoberfläche ist nun richtig fein. Aber stellen Sie sich vor, wie sich nun jene Schnecken fühlen, die im Herbst trotz Vorsorge in den Boden eingedrungen sind und noch geschlafen haben: Sie sind von unseren Frühjahrsaktivitäten im Saatbeet total schockiert. Und was werden sie in der Verwirrung tun? Sie kommen in der Nacht nach dem „Erdbeben" hervor, um nachzuschauen, was denn in ihrer Umgebung geschehen sein mag.

Obwohl müde von der ersten Fitnessübung im Frühlingsgarten, sind wir in dieser wichtigen Nacht (und in den beiden nächsten) auf der Hut und fangen möglichst viele

der **VERWIRRTEN SCHNECKEN.** Dies ist der optimale Zeit-
punkt, um die graubraunen Ackerschnecken und die kleinen Gartenwegschnecken mit der orangeroten Sohle zu
erwischen. Sie haben als ausgewachsene Tiere überwintert
und sind bald bereit zur Eiablage.

Noch am selben Abend legen wir in den bearbeiteten
Beeten feuchte Bretter aus oder stellen feuchte **TONTÖPFE**
umgekehrt auf den Boden. Unter diesen Schlupfwinkeln
KÖDER auslegen – gehackte Küchenabfälle oder, den Star
unter den Schnecken-
ködern, aufgelöste
Katzenbiskuits ver-
mengt mit Wei-
zenkleie. In der
Nacht mit der
Taschenlampe

und/oder am nächsten Morgen können wir die Schnecken von den Köderhäufchen ablesen.

Nach dem JAGDERFOLG liegt es in unserer Macht, über Sein oder Nichtsein zu bestimmen. Wer die Schnecken lebend der Natur zurückgeben möchte und ein gutes Verhältnis zu den Nachbarn hat, bringt sie weiter weg an einen Waldrand – aber auf keinen Fall auf das Land der Bauern. Soll über das LEBENSENDE verfügt werden, sagen Fachleute, dass das Überbrühen mit reichlich siedendem Wasser den Tod innerhalb von Sekunden herbeiführe (s. Seite 95). Nie sollten Schnecken zerschnitten und tot liegen gelassen werden. Sie locken ihre Artgenossen, die das Aas fressen, aus einem weiten Umfeld an.

78

NICHTS FÜR UNGEDULDIGE

Wir haben nun das Saatbeet gut auf die neue Kultur vorbereitet und die meisten Schnecken bereits entfernt. Trotzdem
bleibt die Zeit nach dem Säen ein kritischer Moment. Die
Vorfreude auf eine üppige Ernte oder Blumenpracht verlei-
tet uns oft, möglichst früh auszusäen. Doch der während des
Tages leicht erwärmte Boden kühlt im Verlauf kalter Nächte
schnell wieder ab, die SAMEN KEIMEN NUR LANGSAM. Die
noch im Saatbeet wohnenden, ausgehungerten Schnecken
jedoch profitieren von der kurzen Erwärmung. Sie kommen
in der Dämmerung hervor, fressen sich satt und verkriechen
sich wieder, sobald es ihnen zu kühl wird. Es lohnt sich daher,
mit dem AUSSÄEN ABZUWARTEN, bis der Boden gut erwärmt
ist. Die Saatrillen kann man einige Tage vorher ziehen, damit
sich der Boden auch in der Tiefe erwärmt. Bei einem KÄLTE-
EINBRUCH die Beete mit einem Folientunnel überdecken.

KEIMLINGE VERSTECKEN

Schnecken können mit ihren empfindlichen Geruchsorga-
nen die Keimpflanzen im Boden lokalisieren und finden
deshalb den Weg zu ihnen ganz gezielt. Wir können die

Schnecken aber austricksen und ihnen den WEG VER-
SPERREN: Die Samen mit einem zwischen den Händen fein
zerriebenen GEMISCH AUS ERDE UND KOMPOST bedecken,
leicht andrücken, gießen und nochmals leicht andrücken.
Da die Schnecken nicht graben können, durchdringen sie
diese kompakte Schicht nicht, und der Kompost verhindert, dass die Deckerde nach dem Gießen verhärtet.

ABLENKSAATEN –
UNERKANNTE DELIKATESSEN

Besonders kleinsamige, langsam auflaufende Pflanzenarten wie Möhren, Schnittsalat und andere sind von den
Heißhungerattacken der Schnecken betroffen. In den entsprechenden Beeten lohnt es sich, Köder- oder Ablenk-
pflanzen zu säen.

Bleiben wir beim Beispiel MÖHREN: Unmittelbar nach der Aussaat säen wir zwischen die Möhrenreihen sowie an den Beeträndern schmale Reihen Gartenkresse oder Gelbsenf. Deren Samen keimen schnell und lenken die Schnecken von den Möhrensamen ab. Einige Tage nach dem letzten Vereinzeln der Möhren zupfen wir die KÖDERPFLANZEN aus und legen sie vorerst noch in die Reihe. Nachts, wenn die Schnecken an den ausgezupften Pflanzen fressen, entfernen wir diese mitsamt den Schnecken und übergeben sie dem KOMPOSTHAUFEN.

Falls es trocken sein sollte, die ausgerissenen Pflanzen mit Wasser begießen, damit sich auch die letzte Schnecke aus dem Boden wagt.

Da wir beim Vereinzeln stets einzelne Pflänzchen verletzen und damit die Schnecken besonders stark anlocken, wird am Morgen eines warmen Tages vereinzelt. Die „Wunden" trocknen bis am Abend ein und die Lockwirkung vergeht.

81

ABLENKFUTTER „SÄEN"

Auch die fetten Keimlinge großsamiger Kulturen wie
Bohnen und Zuckermais sind bei den Schnecken sehr beliebt. Durch Vorquellen der Samen über Nacht vor der
Saat beschleunigen wir ihre Keimung erheblich. Nach
dem Prinzip der Ablenksaat wird anstelle der Kresse
unmittelbar nach der Saat ein möglichst buntes Gemisch
aus zerkleinerten Küchenabfällen (Kartoffelschalen,
Salatreste usw.) in Zwischenrillen „gesät", mit grober
Erde zugedeckt und „angegossen".

Für die Schnecken ist dieser Mini-
komposthaufen in den Zwi-
schenrillen sehr interes-
sant und sie fressen sich
daran satt. Während-
dessen können die in
ihrer unmittelbaren
Nachbarschaft gesäten
Kulturen langsam, aber sicher
gedeihen.

VERSETZUNG GEFÄHRDET

Setzlinge sind während der ersten zwei Wochen nach dem Verpflanzen schwach. Noch unzureichend bewurzelt, weisen sie oft auch Verletzungen vom Transport oder vom Zurückschneiden der Blätter oder Wurzeln auf. Die JUNGPFLANZEN aus dem Gartenfachgeschäft haben die ersten Lebenswochen meist im Glashaus zugebracht und müssen sich an das rauere Klima im Freien erst gewöhnen. Gegenüber diesen Pflänzchen sind die Schnecken skrupellos. Die Tiere fühlen sich aufgefordert, ihre Funktion als Gesundheitspolizisten im Pflanzenreich wahrzunehmen und begreifen nicht, dass jemand ein besonderes Interesse an den schwachen Pflanzen haben könnte.

NUR DIE HARTEN KOMMEN IN DEN GARTEN

Wir wählen zum Auspflanzen nur die STÄRKSTEN PFLANZEN aus. Setzlinge aus dem Gewächshaus oder aus dem bedeckten Frühbeet müssen

83

vor dem Auspflanzen erst an die Außentemperatur angepasst werden. Die FRÜHBEETKÄSTEN bleiben deshalb nun
auch die Nacht über unbedeckt; Setzlinge in Töpfchen
genießen den Auslauf vorerst einige Tage auf dem Garten-
tisch. Falls nach dem Auspflanzen ein Kälteeinbruch droht,
die Kulturen mit einem Tunnel schützen.

ANTI-SCHLEIM-AUFLAGE
FÜR JUNGES GRÜNZEUG

Nach dem Angießen und Andrücken der Setzlinge wird um
jede Pflanze kreisförmig eine dünne Schicht aus getrock-
netem MULCHMATERIAL (s. Seite 89 f.)
gestreut und leicht mit der Hand
angepresst. Dies verhin-
dert das Feuchtwerden
von URGESTEINSMEHL
oder Algenkalk, die
als dünne Schicht
darübergestreut
werden. Die ge-
nannten Mittel
entziehen den
Schnecken

den Schleim und verhindern somit die Zuwanderung vor allem von Jungschnecken. Allerdings müssen die Steinmehlkragen nach kräftigem Regen erneuert werden.

Urgesteinsmehl kann in jedem Garten nach Belieben verwendet werden, Algenkalk ist dagegen nur zu wählen, wenn der Gartenboden sauer ist (pH-Wert unter sechs). Geeignete ALTERNATIVE MATERIALIEN sind getrocknete Tannennadeln, zerkleinerte Eierschalen oder Lavendelpulver. Das Gesteinsmehl ist diesen jedoch in seiner Wirkung überlegen.

WENN DER GROSSE REGEN KOMMT

Lange Regenperioden motivieren die Schnecken nicht nur dazu, ausgedehnte Wanderungen zu unternehmen, sie glauben auch, unter dem verhangenen Himmel pausenlos, nachts und gar am Tag, fressen zu müssen. Die Jungpflanzen haben nun einen schweren Stand. Hier hilft nur, die Beete mit einer FOLIE abzudecken, trocken zu halten und die STEINMEHLKRAGEN anzubringen. Die Schnecken werden das Beet nun verlassen und außerhalb im feuchten Umfeld schwelgen.

85

LOCKER AUFWACHSEN –
GERÄTSCHAFTEN ZUM LOCKERBLEIBEN

Regentropfen zerschlagen an der Oberfläche die Boden-teilchen. Bei Lehmboden bildet sich nun eine glatte Schicht, die beim Abtrocknen sehr hart wird. Es erfolgt nun fast kein Gasaustausch mehr zwischen dem Boden und der Luft. Als Folge ist die Aktivität der BODENORGANISMEN stark eingeschränkt, da sie unter „Atemnot" leiden. Die verhärtete Schicht muss deshalb von Zeit zu Zeit gebro-chen werden. Keimendes Unkraut wird so unterdrückt und die Verdunstung verringert. Gleichzeitig wollen wir den Schnecken jedoch keine Schlupfwinkel schaffen, in die sie sich tagsüber verkriechen können.
Die Pflanzen sollten wir bei der Bodenbearbeitung mög-lichst nicht verletzen! Verletzte Pflanzen locken nicht nur Schnecken an, die Wunden sind auch Eintrittspforten für verschiedene Krankheitserreger.

UNKRAUTPROFI ZWEIZINKENHACKE

Die LOCKERUNG der Bodenoberfläche ist eine Arbeit, die ohne Kraftaufwand, ruhig und langsam ausgeführt werden

soll. Es gilt, nur die obersten Zentimeter Boden zu bewegen, junges Unkraut anzugehen und stets darauf zu achten, dass das Mulchmaterial nicht zu stark mit dem Boden vermischt wird. Die Zweizinkenhacke lässt sich sehr schonend zwischen den Reihen führen.

IM STRUDEL DER BODENFRÄSE

Wer Besitzer eines großen Gartens ist, hat vielleicht eine motorisierte Bodenfräse zur Verfügung; dieses Gerät leistet gute Dienste bei der SAATBEETBEREITUNG, es kann aber auch als Reihenfräse zum Hacken und Jäten in bestehenden Kulturen eingesetzt werden. In jedem Fall muss der Boden im Moment der mechanischen Bearbeitung gut abgetrocknet sein, denn in nassem Boden verkleben die rotierenden Messer die Bodenpartikel. In der Folge entstehen dann harte kleine Schollen, zwischen denen die Schnecken IDEALE WOHNQUARTIERE finden.

Im trockenen Boden eingesetzt, tötet die Bodenfräse die meisten Schnecken, die in den Strudel der Messer geraten.

UNTER DIE DECKE – DAS MULCHEN

Eine Deckschicht aus **ORGANISCHEM MATERIAL**, die sogenannte Mulchschicht, ist für den Boden optimal. Sie reguliert die **BODENTEMPERATUR** – der mit Mulch geschützte
Boden erwärmt sich schneller, während bei großer Hitze
ein isolierendes Luftkissen entsteht. Sie reguliert die
FEUCHTIGKEIT – das Bodenwasser verdunstet durch die
Schutzschicht weniger schnell. Sie schützt die Bodenoberfläche vor dem **VERHÄRTEN** – bei Regen prallen die Tropfen
auf den Mulch und nicht direkt auf die Bodenpartikel. Und
nicht zuletzt fühlen Regenwurm und Co. sich unter dieser
lockeren und doch schützenden Decke pudelwohl, zumal
sie das Mulchmaterial auch gleich als Nahrung verwerten
können. Zur Erhaltung und Verbesserung der Bodenfrucht-
barkeit leistet das Mulchen also einen wesentlichen Beitrag.

Doch Vorsicht, wer nicht **EINIGE GRUNDSÄTZE** beachtet,
betreibt bald ungewollt eine Schneckenzucht. Die Mulchschicht dient auch den Schnecken als Unterschlupf;
sie schätzen die Feuchtigkeit, sie knabbern gern am
ausgestreuten Material, und zu aller Freude ist das
edlere Futter so schön nah. Da heißt es: Sofort gegen-
steuern!

MATERIALKUNDE

Das Mulchmaterial darf nicht als Nahrung für die Schnecken geeignet sein. Rasenschnitt, Heu oder gar Küchenabfälle scheiden hierfür deshalb aus. SEHR GUT EIGNEN SICH dagegen Laub vom Vorjahr, Heckenschnitt, Stroh oder Schilf. Diese organischen Abfälle müssen allerdings zerkleinert werden, sonst bauen wir den Schnecken Ferienwohnungen mit Vollpension. Der Häcksler oder auch der Rasenmäher leisten beim Zerkleinern und Mischen gute Dienste. Zudem muss der Mulch trocken sein.

Das gelagerte, TROCKENE MULCHMATERIAL streuen wir nach dem letzten Ausdünnen der Direktsaaten oder nach dem Auspflanzen der Setzlinge aus. Diese SCHICHT sollte gerade so dick sein, dass der Boden nicht mehr sichtbar ist. Da der Mulch von den Bodenorganismen zersetzt wird, muss nach Bedarf zur Reserve gegriffen werden.

SPEZIALFÄLLE

Zum Schutz vor Schneckenfraß und der Graufäule werden ERDBEEREN – diese Praktik dürfte bekannt sein – mit Stroh unterlegt. Doch Vorsicht: Zu früh ausgelegt, werden diese

Strohpolster zur Retourkutsche. Sobald nämlich das Stroh in Bodennähe feucht wird und sich zu zersetzen beginnt, finden die Schnecken unheimlich Spaß an der Sache. Sie ziehen unter die STROHPOLSTER und gehen nachts gerne mal eine Portion Erdbeeren naschen. Oder die ganz gewieften, im Stroh geschlüpften jungen Gartenwegschnecken wagen es, sich in der schönsten Frucht häuslich niederzulassen. Damit es nicht so weit kommt, die Strohunterlage erst dann auslegen, wenn sich die ersten Früchte rot zu färben beginnen. Nach der Ernte das Stroh wieder entfernen.

91

WÄSSERN MIT KÖPFCHEN

Trockenheit zwingt die Schnecken zum Verbleib in einem feuchten Unterschlupf. Dauert dieser Zwangsaufenthalt allzu lange, drängt der Hunger. „Riechen" nun die hungrigen Schnecken irgendwo in ihrem Umfeld Wasser, gibt es außer warmem Sonnenschein nichts, das sie noch halten könnte. In dieser Beziehung ist auf die Schnecken Verlass, sie verhalten sich in einer solchen Situation stets gleich. Halten wir uns beim Gießen ebenso genau an die Regeln zur Verhinderung der Wanderung, begrenzen wir den Schaden auf ein absolutes Minimum. Zur Taktik gibt es da nicht viel zu überlegen.

NIE AM ABEND GIESSEN

Der BESTE GIESSZEITPUNKT ist der Morgen, denn am Morgen werden die Schnecken nicht auf Wanderschaft gehen, da schon die ersten Sonnenstrahlen kostbare Körperflüssigkeiten verdunsten. Die Beete mit empfindlichen Neusaaten oder Setzlingen an heißen Tagen mit einem hellen Tuch abdecken, damit die Feuchtigkeit erhalten bleibt. Bei einer Hitzewelle, das Tuch ab und zu mit Wasser befeuchten, am Abend aber unbedingt wieder entfernen.

INDIVIDUELLE PFLANZENBETREUUNG

Sprinkler sind für die Schnecken eine ganz tolle Sache. Da wird nicht nur der gesamte Boden wundervoll nass, der Geruch des verdunstenden Wassers gibt den Schnecken auch allen Mut, den sie brauchen, um selbst vom entferntesten Unterschlupf die Wanderung Richtung Kulturbeet anzutreten. Wer den SPRINKLER weiterhin und gar am Abend laufen lässt, beruft spontan die Jahresversammlung der regionalen Schneckenvereinigung ins Reich seiner Möhren, Salate und Blumen. Besser ist es, die Pflanzen INDIVIDUELL zu GIESSEN. Eine Erleichterung sind Bewässerungsrillen entlang von Reihenkulturen wie Möhren oder Porree. Bei größeren Pflanzen wie Tomaten oder Gurken können TÖPFCHEN eingraben werden, deren Boden herausgebrochen oder -geschnitten worden ist. Die Gießrillen und -töpfchen tragen dazu bei, dass der Wurzelhals der Pflanzen trocken bleibt und „Fußkrankheiten" in der Folge kaum mehr auftreten. Und zudem erleichtern wir uns das Zielen beim Gießen.

93

DIE SCHNECKEN IRREFÜHREN

Für einen hinterlistigen Streich eignet sich der Sprinkler allemal. So kann er in der den Gemüsebeeten und Blumen-rabatten entgegengesetzten Ecke des Gartens einen REGEN VORTÄUSCHEN – Hauptsache, die Schnecken wandern möglichst weit von den gefährdeten Kulturen weg.

VIEL WASSER AUF EINMAL GEBEN

Frisch gepflanzte Setzlinge verdienen behutsame Pflege. Doch sobald die Kulturen fest angewachsen sind, folgt die Erziehung zur WIDERSTANDSFÄHIGKEIT. Durst veranlasst die Pflanzen, tiefere Wurzeln zu bilden. Sie ertragen nun Trockenheit besser und nehmen auch mehr Nährstoffe auf. Wir geben jeder Pflanze, je nach Größe, ein bis drei Liter Wasser auf einmal. Dann wird eine Pause eingelegt, bis die unteren Blätter am Abend zu welken beginnen und damit Durst anzeigen. Je nach Bodenart werden die Pflanzen auch bei trockenem Sommerwetter bald etwa eine Woche ohne Wassernachschub auskommen. Die Schnecken sitzen derweil frustriert in ihrem Unterschlupf.

ANGRIFF IST DIE BESTE VERTEIDIGUNG

Es dauert seine Zeit, bis Maßnahmen wie die Förderung der Nützlinge oder die Sanierung schwerer Böden wirksam werden. Solange noch viele Schnecken im Garten sind, hilft ein **KLEINER TRICK** zur Abgrenzung verschiedener Reviere, damit die Schnecken zum Beispiel nicht unter der Buschgruppe hervor in den Kulturgarten wandern oder, vom Kompostplatz her kommend, bis zu den Blumen vordringen. Wir benötigen dazu ein Mittel, das die Schnecken verabscheuen und einen Köder, den sie schätzen.

Als Ersteres eignet sich Schneckenjauche, und der beste Schneckenköder ist, wie schon erwähnt, die feuchte Mischung aus Weizenkleie und aufgeweichten Katzenbiskuits oder Dosenfutter.

DIE SCHNECKENJAUCHE

Etwa 100 Schnecken mit kochendem Wasser übergießen (die Schnecken sind sofort tot) und bis zu vier Liter Wasser nachgeben. Die **MISCHUNG** zehn bis 14 Tage zugedeckt gären lassen – jedoch nicht unter dem Küchenfenster! Mit Wasser nochmals auf die doppelte Menge verdünnen.

95

Die Schneckenjauche wird in kleinen Mengen an Stellen ausgebracht, an die die Schnecken nicht kriechen sollen, der Köder in entgegengesetzter Richtung, wo Schnecken getrost sein dürfen;
Schneckenjauche beispielsweise an den Rand des Gartens, Weizenkleie in kleinen Häufchen in der angrenzenden Buschgruppe. Der Gegensatz von „hier schrecklich – dort lecker" löst eine gezielte Wanderung der Schnecken in Richtung des Köders aus.

WICHTIG: Keinesfalls darf die Schneckenbrühe, in der Annahme, der Salat würde dann nicht gefressen, über Kulturpflanzen gegossen werden, denn die Jauche enthält Zersetzungsstoffe, die alles andere als gesund sind!

GARTEN-ARBEITSKALENDER MIT BLICK AUF DIE SCHNECKEN

ÜBERPRÜFEN DER GARTENGESTALTUNG

Die folgenden Maßnahmen wirken vorbeugend gegen Schnecken:

- Standort des Kompostplatzes, der Kaninchenställe usw. überprüfen und eventuell wechseln.
- Nischen für die Nützlinge schaffen.
- Nistkasten für die Vögel aufhängen.
- Wanderschranken erstellen.
- Frühbeetkasten schneckendicht gestalten.
- Beete anlegen mit Pflanzen, die von den Schnecken gemieden werden.

FRÜHLING

Früh, sobald der Boden abgetrocknet ist und man ihn bearbeiten kann:

- Beete mit Feldsalat sauber abernten.
- Mulchdecke entfernen und kompostieren.

97

- Leichte Böden jetzt tief lockern.
- Zur Bodenverbesserung Rindenkompost besorgen und einarbeiten.
- Kurz danach den Boden als Saatbeet herrichten.
- Weizenkleie und Katzenbisquits besorgen.
- Taschenlampenbatterie aufladen.
- In der Nacht nach der Saatbeetbereitung die Schnecken ködern und ablesen.
- Schneckenbrühe herstellen.
- Strohunterlage bei Erdbeeren nicht zu früh auslegen!

ZUR SAAT:
- Saatrillen früh ziehen und Kompost einstreuen.
- Günstigen Saatzeitpunkt abwarten.
- Samen mit feinem Erde-Kompost-Gemisch abdecken und andrücken.
- Gleichzeitig oder einige Tage vor der Saat Ablenkfutter in Zwischenreihen säen.
- Folientunnel bereithalten oder empfindliche Saaten gleich abdecken.

ZUM PFLANZEN VON SETZLINGEN:
- Vor dem Pflanzen Ablenksaaten säen.
- Setzlinge vor dem Pflanzen genügend lange im Freiland abhärten – Frühbeetkasten nun auch nachts offenhalten!

- Steinmehl für Schutzkragen besorgen!
- Nur starke Setzlinge pflanzen.
- Die Pflanzen so wenig wie möglich verletzen.
- Nach dem Pflanzen angießen, andrücken, Mulchmaterial streuen und Schutzkragen mit Steinmehl anlegen.

FRÜHSOMMER BIS HERBST

- Strohunterlage bei den Erdbeeren nach der Ernte gleich wieder entfernen.
- Zum Schutz von Saaten und Setzlingen die gleichen Maßnahmen wie im Frühling treffen.
- Bei feststellbaren Zuwanderungsstellen Abwehrmittel und Köder einsetzen.
- Die Bodenoberfläche stets schonend lockern.
- Mulchmaterial streuen und erneuern, sobald es von den Bodenorganismen zersetzt ist.
- Zum Lockern des Bodens die Zweizinkenhacke benutzen.
- Mit der mechanischen Bodenfräse nur bei trockenem Boden arbeiten.
- Am Abend vor der Arbeit mit der Bodenfräse die Schnecken ködern.

99

- Tränken für Nützlinge aufstellen.
- Gießen stets am Morgen, nie am Abend.
- Den Sprinkler nicht einsetzen.
- Schneckeneierfreien Kompost herstellen.
- Folgt nach Trockenheit ein warmer Landregen, lohnt sich ein Kontrollgang nachts mit der Taschenlampe.

HERBST

- Beete sauber abräumen, Boden leicht antreten, Ritzen schließen.
- Mulchmaterial zum Bodenschutz erst im Winter auslegen.
- Mulchmaterial für das nächste Jahr herstellen und lagern.
- Die Hühner (so vorhanden) im Garten „weiden" lassen – winterfeste Kulturen schützen!

WINTER

- Umgraben, bei schwerem Boden Rindenkompost einarbeiten.
- Grobe Schollen belassen.
- Den Boden mit Mulchmaterial schützen. Mulchmaterial eventuell mit einem Vogelschutznetz vor dem Wegwehen schützen, am Boden befestigen.
- Eventuell anfallende Änderungen in der Gartengestaltung, Haltung von Laufenten usw. jetzt schon planen.
- Anbauplan der Gemüse- und Blumenbeete für das Frühjahr erstellen

ICH WANDER AUS

SERVICE

Monika Neumeier:
Igel im Garten – helfen,
pflegen, beobachten
80 Seiten, 10 €

Ulrich Schmid:
Ein Garten für Vögel –
gestalten, pflanzen,
beobachten
80 Seiten, 10 €

Angela Beck:
**Steingärten & Trocken-
mauern** – gestalten,
pflanzen, pflegen
80 Seiten, 10 €

Peter Berg:
**Biogärtnern leicht
gemacht** – 45 praktische
Projekte
120 Seiten, 12,99 €

Joachim Mayer:
Biodünger – Pflanzen
natürlich pflegen und stärken
128 Seiten, 14,99 €

Der große Kosmos-Natur-
führer Tiere und Pflanzen
896 Seiten, 19,99 €

SERVICE

NÜTZLINGE

Katz Biotech AG
An der Birkenpfuhlheide 10
15837 Baruth
Tel.: (03 37 04) 6 75-10
E-Mail: info@katzbiotech.de
www.katzbiotechservices.de

**ÖRE Bio-Protect –
Biologischer Pflanzenschutz
GmbH**
Neuwührener Weg 26
24223 Schwentinental
Tel.: (0 43 07) 5016
E-Mail: info@nuetzlings
beratung.de
www.nuetzlingsberater.de

**re-natur GmbH Zweig-
niederlassung Stolpe**
Dr. Helmut Haardt
Am Pfeifenkopf 9
24601 Stolpe
Tel.: (0 43 26) 9 86 10
E-Mail: aquaterra@
re-natur.de
www.re-natur.de

W. Neudorff GmbH KG
An der Mühle 3
31860 Emmerthal
Tel.: (01 80) 5 63 83 67
E-Mail: info@neudorff.de
www.neudorff.de

AMW Nützlinge GmbH
Außerhalb 54
64319 Pfungstadt
Tel.: (0 61 20) 99 05 95
E-Mail: info@amwnuetz
linge.de
www.amwnuetzlinge.de

STB-Control
Rüdiger Schwenk
Triebweg 2
65326 Aarbergen
Tel.: (0 61 20) 90 08 70
E-Mail: r.schwenk@stb-
control.de
www.stb-control.de

Sautter & Stepper GmbH
Rosenstr. 19
72119 Ammerbuch
Tel.: (0 70 32) 95 78-30
E-Mail: info@nuetzlinge.de
www.nuetzlinge.de

Hatto und Patrick Welte GbR
Maurershorn 18b
78479 Reichenau
Tel.: (0 75 34) 71 90
E-Mail: info@welte-
nuetzlinge.de
www.welte-nuetzlinge.de

SCHWEIZ

Andermatt Biocontrol AG
Stahlermatten 6
6146 Grossdietwil
Tel.: + 41 (0) 6 29 17 50 05
E-Mail: sales@biocontrol.ch
www.biocontrol.ch

PFLANZEN UND SAATGUT

Lubera GmbH
Im Vieh 8
26160 Bad Zwischenahn
E-Mail: kundendienst@
lubera.com
Telefon: (0 44 03) 984 75 90
Fax: (0 44 03) 984 75 91
wwww.lubera.com

Bingenheimer Saatgut AG
Kronstr. 24–26
61209 Echzell-Bingenheim
Tel.: (0 60 35) 18 99 – 0
Fax: (0 60 35) 18 99 – 40
E-Mail: info@bingenheimer
saatgut.de
www.bingenheimersaatgut.de

Stauden, Blumen, Kräuter
Rühlemann's Kräuter &
Duftpflanzen
Auf dem Berg 2
27367 Horstedt
Tel.: (0 42 88) 92 85 58
E-Mail: info@ruehlemanns.de
www.kraeuter-und-duft
pflanzen.de

Staudengärtnerei
Gaissmayer
Jungviehweide 3
89257 Illertissen
Tel.: (0 73 03) 72 58
E-Mail: info@gaissmayer.de
www.gaissmayer.de

REGISTER

109

100 Gartenprobleme
—— erkennen und lösen

144 Seiten, ca. €(D) 16,99

Kaum fängt es im Frühjahr an zu sprießen, entdeckt man Blätter oder Blüten, die seltsam aussehen. Ist das normal oder sind sie krank und muss man vielleicht etwas tun, um die Pflanze zu erhalten? Welches Insekt ist Freund, welches Feind und wie wird man unerwünschte Gartengäste wieder los? Ob Verfärbungen, Fraßspuren oder andere Auffälligkeiten – mit den detaillierten Fotos in diesem Buch ist der Grund schnell gefunden. Bärbel Oftring erklärt, welche Pflegefehler, Krankheiten oder Schädlinge dahinterstecken, und zeigt, wie man seine Pflanzen auf natürliche Weise gesund erhält. So macht der Blick in den Garten bald wieder Spaß!

Ihre Themen
—— Unser Newsletter

Sie möchten regelmäßig aktuelle Neuigkeiten, Informationen und Angebote zum Thema Garten erhalten?

Fundiert recherchiert —— Wissen aus der Praxis
Alles Wichtige auf einen Blick

Dann melden Sie sich jetzt für unseren Newsletter an.

www.kosmos.de/newsletter

IMPRESSUM

Bildnachweis
Mit 54 Illustrationen von Jens Corin, München

Impressum
Umschlaggestaltung von Gramisci Editorial Design/Isabelle Fischer unter Verwendung von Illustrationen von Jens Corvin, München

Unser gesamtes Programm finden Sie unter **kosmos.de**.

Über Neuigkeiten informieren Sie regelmäßig unsere Newsletter, einfach anmelden unter **kosmos.de/newsletter**

Gedruckt auf chlorfrei gebleichtem Papier

© 2020, Franckh-Kosmos Verlags-GmbH & Co. KG, Stuttgart.
Alle Rechte vorbehalten
ISBN 978-3-440-16974-2
Projektleitung: Birgit Grimm
Redaktion: Birgit Grimm
Gestaltungskonzept: Walter Typografie und Grafik, Würzburg
Gestaltung und Satz: typopoint GbR, Ostfildern
Produktion: Klaus Jost
Druck und Bindung: Print Consult GmbH, München
Printed in Slovakia / Imprimé en Slovaquie

FSC
www.fsc.org
MIX
Paper from responsible sources
FSC® C084279

DIE SCHNECKEN UND DAS BIER

In Sachen Bier stehen uns die Schnecken in nichts nach. Der spezielle Duft der vergorenen Mischung aus Hopfen, Malz und Gerste muss ihnen von den Zersetzungsprozessen bei Früchten bekannt sein. Jedenfalls schätzen sie Bier. Stellen wir im Garten mit Bier gefüllte Becher auf, führt die aufkommende Restaurantstimmung zu einem Zustand besonderer Erregung und sehr schnell zur gezielten Wanderung in Richtung Bierbecher. Auch unter Schnecken gibt es wahre Trinker. Sie hängen sich tief in den Becher, können Lustgefühle schlecht dosieren und fallen schließlich völlig betrunken in den Gerstensaft, wo sie alsdann der Tod durch Ertrinken ereilt. Damit ist auch schon die Funktionsweise der Bierfallen erklärt. Doch aufgepasst! Der Bierduft lockt sehr viele Schnecken in den Garten, aber nur ein Bruchteil der Tiere trinkt mit tödlicher Folge. Eine echte und auch effiziente Falle sind die eingegrabenen Becher also nicht. Als Lockmittel sind sie sicher geeignet – die versammelte Schneckenschar muss aber nachts eingesammelt werden.